每天多愛自己一點點

寫給高敏感族的365天自我照顧書

愛曼達・卡熙兒博士 Amanda Cassil,PhD◎著
屈家信◎譯

THE SELF-CARE PLAN FOR THE HIGHLY SENSITIVE PERSON

365 Days of Reflection, Calm, and Positivity

簡單的提醒，愛自己

儀式感、斷捨離、正念、靜心，
把注意力從外界回到自己；
從脫敏、抗敏，
到接受、臣服，
用簡單的提醒，
每天愛自己多一點。

聲藝創辦人／歐馬克

每天練習一點點，最後你將對真實的自己展露微笑

王意中心理治療所所長／臨床心理師　王意中

我很清楚知道自己是非常高敏感的人，對於周遭的人事物往往過於細膩、敏銳，且容易與自己連結在一起。

這樣且戰且走的高敏感特質，讓自己戰戰兢兢、頗感辛苦。幸運的是，長期以來，我隨時提醒自己，覺察自己的想法是否能維持在合理、彈性的狀態。

高敏感不是壞事，但當高敏感遇到負面想法，而總是做出扭曲、錯誤、偏頗的解釋，那麼對自己來說可一定是壞事。

時時調整自己的想法，最好的方式，就是閱讀。

讓自己隨時覺察、轉念、行動，讓情感、認知與行為相互修正、微調，好好善待自己。

對我來說，未來究竟會如何，我沒有太大把握。但我深信每一天好好過、好好感受，讓自己維持在比較好的狀態，我相信明天會更好的機率相對就高一些。

如何讓自己隨時自我檢視，真實感受，同時啟動執行力？《每天多愛自己一點點：寫給高

敏感族的365天自我照顧書》讓我看見了實現的可能性。

欣喜的是，讀者在閱讀過程中，輕鬆沒負擔，隨時可運用在自己的生活當中。365天，每一天，讓我們在生活中，有新的發現，有新的可能，原來我們可以讓自己變得更好。

當我們祈求身旁的人來愛自己，或許轉個念，學習如何愛自己、照顧自己、善待自己會容易些。

每天練習一些些，一天一天好好過，我相信這些改變不僅僅是加法，而是乘法，甚至發揮複利的強效作用。

無論是透過想法的調整，日常習慣的改變；無論是讓自己靜下心來，讓身體動起來，讓靈性清明起來。

習慣，反應的是一種長期的行為模式。當我們試著選擇書中適合自己的內容，藉由刻意的練習，將逐漸琢磨出符合自己風格的自我照顧方式。

我依然相信，做好自我照顧，這份善的循環，也將影響身旁重要的家人朋友，讓他們往好的狀態靠近。

閱讀這本書，你會發現生活的樂趣，讓自己變得更有味，整個人也立體、鮮明了起來。更重要的是，你將更加愛自己，喜歡時時刻刻在改變的自己，往好的狀態前進的自己。

一段時間之後，再回頭審視自己，你將展露微笑，誠心誠意接納當下的自己。

在每一個季節，找到愛自己的方法

即將20歲來自彰化的大一新鮮人／名琮

四月是從春入夏的過渡，在和大自然一起步入陽氣最旺、能量最強的炎夏前，我們是不是也可以先放下過去的負擔，放下過去的回憶和牽絆，放下種種壓住我們的世俗眼光。若緊緊抓住、將一切概括承受，最後我們會將自己淹沒，疲累不堪，難以前進。

「四月」是本書我最愛的篇章，講述將能量回到自己身上——割捨和放下，迎向新的開始。

這本書將輕柔地告訴你：如何好好愛自己。願每位讀者，都能在書中獲得一些勇氣，找到愛自己的方法。

你一向需要多愛自己一點

台北36歲／承澤教練的身心靈健身課創辦人

這是一本對於高敏感族群來說很實用的工具書，教你如何每天多愛自己一點。

我們高敏體質，時常將焦點放在外面而忘記自己，從而心力交瘁。

我是一個高敏感族群的健身教練，因為社會文化及腦中的競爭意識，我曾經過度地想要融入人群，渴望被接受，也因為這樣我經歷了極大的痛苦：自我批判、扭曲及討好別人，但在某一刻，我認為這樣行不通，到現在，我能夠全然愛自己，拿回了自己的力量。

如果你願意的話，可以把這本書當作一個旅程，一個練習愛自己的旅程，或者是一個鍛鍊，透過每天不一樣的提醒，專注在這上面，或許一年後，你會完全不一樣喔。

一天一點學著愛，不知不覺過好每一天

一顆40年的高敏感阿果

這本書像溫柔的朋友，細緻地一一細數對你的認識，以日曆的方式書寫關於高敏感族的Tips，簡述高敏感的需求、可以怎麼照顧自己、如何安頓身心、鼓勵自己的方式，以及耐心梳理自己細微的情緒。

書中圍繞的主題是學著「愛」，好好照顧自己就是一種愛，學習關愛自己、愛別人、告訴自己值得被愛、肯定自己、提高成就感、舒緩焦慮、享受生活的每一刻，學著留有心靈餘裕應對衝擊。

或許看到某一天，你會發現自己還不知道的小祕密，恍然大悟：「啊，原來我這樣，是因為高敏感。」

一天看一點，不知不覺就認真過好一天。就像高敏感族的人生，慢慢來也可以。

建立自己的療癒系統，達到身心平衡

新北41歲soho族／李希

這是一本適合高敏人的心靈工具書，因應不同心情與情境，當你感到無助、悲傷、疲憊、壓力、迷惘、焦慮、憂鬱等情緒時，帶你感受身與心的平衡，隨著呼吸，調節情緒，回到當下的平靜，透過自我對話，找出專屬於自己的療癒系統，專注自己當下的需要，練習愛自己，無條件接納自己。

前言

做為一位已經與高敏感族相處了十餘年的臨床心理學家，我最常被問到兩個問題：要如何照護自我？如果別人不理解我的選擇該怎麼辦？這兩個問題正好反映出高敏感族內心的迫切需求。建立永續生產力和創造幸福是否是你最重視的事情？或者你更專注於融入群體？然而無論以自身或社群利益為重，最終都可能顧此失彼。優先照顧好自己的同時，極可能感到罪惡或覺得被人排擠。如果忽略了自我需求，到頭來心中可能充滿怨恨且感到筋疲力盡。似乎怎麼選擇都不理想。

如果你正好是高敏感族，總是仔細深入地處理各項資訊，有強烈的情緒反應，容易受到過度刺激，以及對環境十分敏感，那麼八成也為生活中這種永無止盡的對立情緒所困擾，歡樂與哀傷的感受總是同時出現。高敏感族的能量及復原力顯得相對脆弱，當中樞神經系統經過高強度活動後，身體也會變得疲憊不堪，無論精神或身體都將招架不住。

高敏感族在日常生活中感受到不同類型的傷痛。不僅是生離死別這種典型的傷痛，即使一些小事也會讓人感傷。例如不可能什麼事都辦得到，不可能扮演好所有角色，也不可能擁有所有事物。無論你是受益者或受害者，都會為世上不公不義的事感到悲傷。人際關係的改變、不同階段的生命歷程、期望落空、自我能力或相貌的改變，都可能帶來傷痛。

大多數時間，高敏感族會背負著這些傷痛度過每一天，不斷地感受它、處理它，所受的刺激超過自己所能負荷。一旦缺乏適合的時間或空間宣洩這些負面情緒，更會形成慢性的悲傷而導致情緒崩潰。因此，自我照護就是一種能讓人保持正常運作的工具，讓人一覺醒來，有能量繼續置身於塵世之中。自我照護除了能容納傷痛，還能陶冶身心，使得情緒、社交能力及性靈皆得以成長。學習理解和回應自我的需求，能讓人理性平靜，也有能力面對一切不確定的事物。

我希望這本書所介紹的省思和練習技巧，能幫助你面對真實生活中各種挑戰。你會不斷地經歷成長、改變、失敗、成功、擁有及學習放手。在這樣的成長過程中，可能會伴隨著出現極為強烈的情緒挫折感，但它會讓你認清自己的真正需求，看見茁壯蓬勃的可能未來。有時感到自己的情緒再也無法承受，但過往的經驗能讓你度過難關，你會從中學習並成長。這將是辛苦，但也是美好的旅程。

自我照護是建立永續人生不可或缺的要素，可以充分表達個人情感，為自己權益發聲，為所做之事賦予意義與目的。更加包容與善待自己，能增強對他人的惻隱之心，彰顯人類存在的美好與希望。

某些人害怕自我照護只是另一種「自私的藉口」，我邀請有這樣想法的人不妨嘗試一下，並感受自己的人際關係有什麼改變。好好照顧自己，培養惻隱之心，找到健康的生活方式，一定能讓你成為一個更好的朋友、更好的父母、更好的工作伙伴、家庭成員以及公民。

如何使用這本書

藉由多種反省練習、運動、閱讀名人語錄，以及自我肯定等方法，這本書將要導引讀者度過 365 天的自我照護功課。其中有些方法對你來說可能很有效，有些則效果不佳。經由這些練習，你也可以找到適合自己的獨特關懷之道。為了讓這本書能發揮最大的幫助效用，建議你在日常生活中安排特定的時間全心投入練習。雖然很難保持 365 天從不間斷，但讓練習成為例行性的生活習慣一定有所幫助。

希望經過一年後，你能學會更加關愛自己。其中有些練習方法，甚至能繼續陪伴你未來的日子。不妨準備一支特殊的筆、螢光筆或者標籤貼紙放在書本旁，每當閱讀到特別喜歡的日子時，可以做個記號，好方便未來隨時翻閱查詢，同時將書中的建議變成自己的例行生活。如果錯過了某幾天也沒關係，正好可以藉此練習自我關懷和自我寬容。錯過的日子就讓它過去，提醒自己，未來有時間的話再回頭看就好。

雖然這本書的設計是為了幫助你，但它絕對不能取代正規的醫學及藥物治療。如果你有生理或精神方面的病症，一定要尋求合格的專業治療師協助，讓這本書成為輔助你戰勝病魔的工具。

最後，當配合書中章節練習時，非常歡迎你把自己的經驗、想法或者創意分享在我的社群平台上。請搜尋 #365HSP，也可以在 IG 上搜尋 @STEMpsychology，在那裡我會分享一些有關這本書的經驗。更重要的是，利用 #365HSP 可以找到其他高敏感族，大家能相互鼓勵打氣，建立一個充滿希望與關懷，每個人都需要的世界。

1月

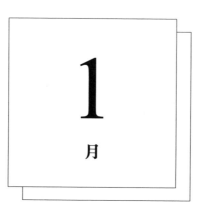

1月1日

高敏感族很能勝任指導者的角色。
我們是作家、歷史學家、哲學家、
法官、藝術家、研究員、神學家、
治療師、老師、父母，
或者單純有道德良知的好公民。

——伊蓮・艾融 博士（Elaine Aron，PhD）

低電量

1月2日

如同手機電池一般，你也需要定期充電才能保持良好的工作效率。這個月將要探討為自己充電的方法。留意一下今天的生活中，有沒有任何小事情能讓自己感到舒服或快樂。即使是十分微細的愉悅感，只要能細心地觀照它，都能讓它在情緒空間成長綻放。留意任何能讓你感到快樂的蛛絲馬跡。

Note.

肯定去年的勝利

1月3日

準備邁入嶄新的一年之前，讓我們先回顧過去。找出三件自己做得不錯的事，無關大小，把它們寫在紙條上，再貼在容易看見的地方。

接著根據紙條上的事項，寫一則描述自己表現的句子。例如：「我是一個認真工作的人」「我是一個珍惜與朋友相處的人」。

我們容易將某人的外在成就表現與個人特色聯想在一起，隱藏了失敗和不足處。正視自己的成就，可以幫助你在接受自己缺點的同時，仍然為自己是誰而感到驕傲。

當烏龜沒什麼不好

1月4日

《伊索寓言》的龜兔賽跑故事中，烏龜憑藉著絕不放棄的毅力，最後贏得勝利。高敏感族有時就像烏龜一樣，覺得自己比其他同儕的步調緩慢而感到挫折。接納自己獨特需求，用自己可以接受的步調持續前進是成功的關鍵。

吸氣
我是烏龜。

吐氣
放慢腳步，
我一定會成功。

今天一整天都不斷重複以上的呼吸練習。

健康與補水

1月5日

研究顯示，多喝白開水有助於減緩沮喪情緒。水也是所有生理代謝的必要物質，包含讓器官正常運作、吸收營養、預防疾病、調節體溫，以及讓心理及生理功能維持最佳表現。所以現在就替自己倒杯水，喝了吧。

口渴是一種容易被人忽視的生理需求，補充水分有助於健康。每當你開始感到慌亂、不知所措時，喝杯水可快速幫助緩和情緒。

1月6日

儘管有時別人不能理解，
但養成健康的生活習慣
絕對是最佳的時間投資。

社交電池

1月7日

你覺得自己的個性是內向或外向？想想看，哪一種社交活動能讓你覺得充滿能量。事實上，內向及外向並非截然不同，即使是內向的人，有時也需要社交活動。有很多高敏感族在自己熟識的交際圈中十分喜歡與他人互動，只不過較容易感到精力耗盡。

哪一種類型的社交活動可讓你感到被充電？這星期能不能安排一次這樣的活動？

找出自己喜愛的活動　1月8日

許多人在新的一年都會訂下讓身體更健康的新計畫。在期盼的同時，焦慮也因而產生。不要光想著去增加運動的量，而應好好思考何種運動能讓身體感到舒適自在。對於工作繁忙或者必須按表操課的人來說，溫和且固定的運動計畫較容易持續不間斷。

哪一種運動能帶給身體重獲能量的感覺？能不能每週都安排一次這樣的活動？

只要能持之以恆，瑜伽是一種能強化副交感神經系統活力的運動。副交感神經系統控制著休息、放鬆、消化等功能。也能平撫慌張焦慮的情緒。

灰色地帶

1月9日

每個人都尋求重生
煥然一新的機會
趨近完美
揮別舊我
也許就是今年
告別失敗的新的一年

從完整的自我分離
似乎是一場愉悅的幻想
舒適欣慰
然而毀滅正在進行

你將支離破碎
否認這得之不易的教訓

無論好與壞
擁抱全部的自己
在此你將成長
在此找到自我核心
不要被完美的假象所惑
擁抱真實，活生生的自我

均衡的營養

1月10日

有關食物的理論五花八門，每隔幾個月就會出現一種新的飲食方式、新的研究結果，或者新產品上市。伴隨新資訊爆炸的同時，如何選擇食物也造成衝突、焦慮、期待與批判，經常讓人感到不知所措與疑惑。今天我們別去管那些論述，要知道，好的飲食原則就是讓身體攝取蛋白質、優質脂肪、優質碳水化合物、纖維等營養，好讓身體保持正常運作。你吃對了嗎？

當你忽略了飢餓感，身體有什麼感覺？哪些食物能讓你吃下它們時，感到強壯、滿足且充滿能量？今天一定要讓自己好好吃上這樣的一餐。

勝利的感覺

1月11日

回想一件最終達成自己所設目標的經驗。那個時候有給自己一個讚美嗎？你現在可以讚美一下自己嗎？沒錯，就這麼做！

當你完成目標時，值得為自己以及所付出的努力感到驕傲。也值得為這樣的勝利慶祝一番。今天想想看你要用怎樣的方式來慶祝，儘管只是個簡單普通的方法也無妨。

Note.

時間上哪兒去了

1月12日

今天要仔細地思考一下你都將時間和精力花在什麼上頭。除了睡覺的時間外，以三十分鐘做為一個單位，把你今天所做的事都記錄下來。當一天結束時，回頭檢視這一整天自己都做了些什麼。

有什麼工作讓你花了比預期更長的時間才完成？有哪些事讓自己覺得不愉快？你的情緒是否受到某些事件影響？比如說當你講電話的時間愈久，心裡就感到愈焦慮？

有沒有發生在某些時段的活動讓你覺得能重振精神？為何會覺得那些活動對高敏感族有所助益？

1月13日

給予人愛和安全感，
他們將在情感及行為上展現出愛和可靠。

——亞伯拉罕・馬斯洛 博士
（Abraham Maslow, PhD）

冬眠

1月14日

就像熊在冬天冬眠一樣，想像一下某部分的你偶爾也需要冬眠。高敏感族特別容易受到季節變化影響，所以如同自然中有四季，你可能也會像季節變化般地有時工作效率極佳，有時需要休息。

現在這個時節，你覺得自己需要更多的休息還是刺激？如何增加或減少活動量以符合自己的需求？允許自己可以像受季節影響般地潮起潮落。

1月15日

開始藝術創作

這星期安排至少三十分鐘的時間進行藝術創作。可以跟著網路影音頻道學習一段舞蹈或化妝。也可以素描、填色、繪畫、寫作、烘焙、歌唱或者彈奏樂器。任何讓你覺得算是藝術創作的活動都可以。

放下手機，專心地投入這段藝術創作。

創作主題和重獲活力有關，不要去評論自己作品的好壞，重點放在創作時的感受。提醒自己，我們的目標並不是完成一件作品，而是單純享受過程。

研究指出實際動手去做的休閒嗜好，例如園藝工作，可以降低焦慮和憂鬱症狀。

給自己的便條

1月16日

當朋友感到沮喪時，你會怎麼鼓勵他？先把它寫在便利貼上或記在手機裡。

今天特別留意一下，每當消極的念頭湧現，開始挑剔自己，否定自己的想法，或者覺得自己比不上別人時，把鼓勵朋友的便條紙拿出來看一下。

你可以像安慰朋友般地安慰自己。

Note.

跟隨自己的羅盤

1月17日

許多高敏感族對於是非善惡有強烈的洞察能力。然而當他們發現別人與自己的看法不同時，可能感到困惑或失望。有很多名垂千古的歷史人物，依循自己的強烈道德羅盤改寫了歷史。要知道當時他們做出正確的決定也不是件容易的事。

想一想哪些歷史人物的道德氣節最受你推崇，他們值得效法的價值是什麼？寫下三個影響你最深遠的待人處世價值，把它們貼在容易看見的地方。每當你面對不知該如何抉擇的難題時，回頭看看它們。

1月18日

就照顧自我方面，
我有權利持續去做我喜歡的事。

保持積極

1月19日

回想一段過去的困苦日子，雖然已經從中走出，但當時過得並不體面。寫一封感謝的信送給從前的自己，知道自己辛苦了。內容可以簡單地只是一句「謝謝你一直堅忍到最後」。也許保持積極的念頭並不容易，但請儘量嘗試。讓過去的你知道，自己已經從中學習到經驗並得以成長。這一切都要歸功於過去的你。

呼吸

1月20日

吸氣，吐氣。

放慢速度，閉上眼睛幾分鐘。如果趕時間，用計時器設定好二到五分鐘。閉上眼，專注在呼吸。

感覺隨著每次吸氣，空氣充滿胸腔－到橫膈膜－到肋骨後方。

吸氣
我很安全。

吐氣
沒有什麼事不能解決。

無論今天過得平靜或緊張，日子最終都會過去。生活過得平順時不要心浮，不順時也不用喪志。

練習腹式呼吸（深呼吸）可以幫助身體放鬆，降低皮質醇濃度，同時可以增強專注力。

超級我

1月21日

如果將你當作原型去設計一款超級英雄，這位超級英雄會有什麼超能力？周遭與你最親密的人會怎麼回答這個問題？英雄的特質是你期盼擁有的嗎？為何是或為何不？

超級英雄叫什麼名字？讓他完全無法反抗的氪星石※又是什麼？

當你遭遇困境時，不妨假想一下這位超級英雄會如何面對挑戰。

※編註：一種存在於DC漫畫中的虛構礦物。

Note.

情感空間

1月22日

高敏感族對於情緒的感受十分強烈，往往需要更長的時間才能消化它。回想過去一週，有沒有什麼事情讓你感受最深？也許是強烈或者壓抑在心中許久的情緒。

可以選擇一部電影、歌曲或電視劇來幫助你探討那份情感，寫日記或者創意寫作也可以幫助你表達及釐清情緒。

需要向其他人分享這份情感嗎？怎樣的人或用怎樣的方法，能讓你安心和有效地處理這份情感？

保留情感的處理空間很重要，如果逃避自己的情緒，某天它可能會爆發，傷害你及你所愛的人。

人生意義的領悟

1月23日

人生的意義是什麼？

大哉問！關於這個問題，你也可以想想看，對於自己人生的意義和目的有什麼領悟？

今天就讓我們來思索這個問題。如果你好奇地想知道其他人會如何建立自己人生的意義，也可以用它打開話匣子。記得要抱持著好奇心，而不是用批判的態度和朋友討論它。

Note.

實驗記錄 1月24日

今天特別安排十到十五分鐘的休息時間。

準備一杯溫熱的飲料，然後找一個安靜的地方，一個讓你感到心情放鬆的環境坐下。感受掌中杯子的溫暖，深吸一口氣，嗅聞飲料的芳香氣味。播放喜愛的音樂，慢慢地享受這杯飲料。仔細地察覺身體各部位的感受。這樣的練習可以將注意力集中於當下，浸淫於各種感官的實際體驗。

當休息時間結束時，慢慢地站起來，感受腳重新接觸地面的感覺，然後重新投入原本的日常生活。

告訴自己，只要有需要，你都可以再次進行這樣的感官實驗。

1月25日

此刻要開心。此刻就是你的人生。

——奧瑪・開儼

（Omar Khayyam）

放手

1月26日

今天想想看，生活中是否有什麼已經不再重要，可以放手的事。比如說例行性的小會議、社群活動或者某種儀式。也許當初該項活動對你有幫助，所以就習慣性或不得不地繼續下去。今非昔比，你已經可以放下它，另外建立新的生活習慣。

目標

1月27日

你想成為什麼樣的人？即使知道現今的自己距離那個目標還十分遙遠。在未來五到十年內，你希望達到什麼樣的成就？或者具備什麼樣的能力、人格特質？現在的你，為了該目標做出哪些努力？要知道，即使只是小小的進步，都可以讓你距離遠程目標愈來愈近。

現在就把五到十年後，希望能達成的下述目標寫下來。

- 客觀實際的目標：
- 充滿挑戰，極具野心的目標：
- 實現機會渺茫的目標：

相信自己有能力達標，有足夠的動機，充分但不過度地向目標挑戰，將可提升成功的機率。

克服恐懼

1月28日

回想一下自己曾經勇敢的表現。勇敢的意思並非成就什麼大事，而是即使感到害怕，仍堅持不懈地前進。對於高敏感族來說，內心感受到的恐懼更為強烈，所以展現的勇氣也更強大。愈知道要如何面對恐懼，就愈能夠前進。

吸氣
害怕沒什麼關係。

吐氣
我能勝任困難挑戰。

今日不斷地重複以上練習。

Note.

休息

1月29日

睡眠對於許多高敏感族來說也是項挑戰。他們需要比一般人更長（例如九到十小時）的睡眠時間，加上入睡前可能還需要額外時間放鬆自己。調節中樞神經系統需要時間，覺得是否得到休息是一種十分主觀的感受，因此自己的休息方式不需要跟別人一樣。

今晚（或者接下來七天）比平常提早半小時上床睡覺，或者早晨延後半小時起床。感受一下這樣的改變，是否對身體、情緒、精神甚至社交生活有所影響。

就算這三十分鐘你沒睡著也無所謂，好好享受這額外休息時間的舒適與平靜。並非一定要睡著才叫休息。

1月30日

我有權利聆聽及回應自己的需求。

1月31日

鼓勵

現在我們已經完成這本書以及一整年自我照顧計畫的十二分之一。應該為這小小的成就慶祝一番。不妨為自己買杯咖啡／茶，多看一集影片，或者用什麼方法寵愛自己一下。如果覺得有困難，不妨思考為什麼當你完成什麼事之後，給自己一些讚賞會感到渾身不舒服？

承認自己現階段的成就，不表示你會因此變得驕傲、自私或自戀。它代表著這個月以來，每天，或者大多數日子，你都努力讓自己變得更好。為什麼不能慶祝一下？

2

月

2月1日

如果我們不能表現出真我，
或者對於自我價值有所疑惑，
那麼就難以做到同情心。

——布芮尼・布朗 博士（Brene Brown, PhD）

關於愛

2月2日

對於高敏感族來說，各種人際關係中牽扯了無數差異十分微細的愛。每當一份友誼或戀情結束時，感受也相當沉重。今天找個時間坐下來想想，當想到愛時，心中有什麼情緒反應。是讓你想要歡呼慶祝的喜悅來源？還是需要花費更多同情關懷才能處理的困難話題？

你怎麼看自己

2月3日

這個月要來省思各式各樣的愛，而愛自己就是第一步。如果你覺得必須等到別人先愛你，才有辦法接納自己，那麼這個願望可能永遠不會實現。

如果連你都不喜歡自己，那麼有人對你示愛豈不是件令人困惑的事。顯然地在他人眼中的你，和你自認為的你有極大不同。若不是你不了解自己，就是他人的品味十分怪異，而這兩種狀況都不大妙。懂得愛自己，將使你更容易接受別人的愛，最終能讓你真誠自然地愛其他人。

2月4日

在自我關懷下成長，
可讓我同時學習如何愛別人。

2月5日

值得愛

沒有人能選擇出生在何種家庭、什麼樣的成長環境，或者擁有什麼樣的身體。但是每一個人都值得被愛、關懷，以及安全地過日子。你當然也不例外。

吸氣
我值得被愛。

吐氣
我可以愛我自己。

今天一整天都練習這樣的呼吸方式，如果需要的話可以把它寫下來。有時基本真理也需要時間才能深植你心。

與自己同在

2月6日

了解和滿足自己的需求，是愛自己的方法之一。（說到這，你今天喝了足夠的水嗎？）當你愛某人時，會注意到對方有何需求。今天就像關注所愛的人一樣，關注自己的需求。問問自己：

有什麼事情你現在就需要？

今天我可以為你做什麼？

我們可以一起做什麼，好為今天劃下完美句點？

沒錯，和你自己一起。如果覺得與自己獨處很困難，那麼不妨將部分自己具體化一點。和自己展開對話，對自己表達關懷，面對矛盾掙扎的議題時和自己聊聊。慢慢地喜歡和自己相處，這是一輩子的事。

支持性的人際關係　2月7日

有些人際關係能讓你感受到愛與被認同，當和那些人相處時有什麼感覺？他們喜歡你嗎？他們是如何表達對你的關懷？例如喜歡和你聚在一起、送你禮物、親切友善的互動，或者稱讚你？

如果覺得回答以上問題有困難，想想看這些人際關係是否能帶來安全感。如果沒有，有其他可修補人際關係的方法嗎？或者能尋找其他支持性的關係嗎？

Note.

團體活動

2月8日

這星期邀請一些你喜愛的人，不一定是戀人關係的那種愛，和他們共同進行一些活動。如果他們無法親自前來，看看能否以其他虛擬的方式互動（例如一起參加虛擬課程，或者以電話同步聯繫）。

對於高敏感族來說，參加這種有既定時間以及經過規劃後的活動，比起那種隨意的聚會，較不容易感到精神疲累。

如果你邀請的人沒空或沒興趣參加活動，也不要因此懷疑自己的價值。畢竟每個人都有選擇權以及時間規劃。計畫好的活動還是可以照常進行，同時練習與自己相處。

回想

2月9日

「我愛你」她說
語氣輕柔
眼淚開始湧出

「我什麼地方都不會去」
知道這樣的安撫稍縱即逝
只想找尋一份慰藉

「沒關係，我知道很難受」
想讓情緒沉靜下來
嗚咽瀰漫在空氣中

「我會陪著你
跌倒時我會拉你一把
我將對你不離不棄」

「我真希望有人在身旁
我就不用獨自面對」
「我知道，但你還有我」

愛的食物

2月10日

想想看你會如何把食物呈現給所愛的人。可能會精心擺盤，挑戰一些更難的料理方式，或者準備比平時更多的份量。今天結束前，你打算為自己準備什麼樣的晚餐？

今晚為自己準備一份特別的晚餐吧。你可以拿出最精緻的餐具，多準備一份餐後點心，上館子吃，或者拿早餐當晚餐享用。好好享受這份特別的餐點，因為你是特別的人，你值得被好好招待。想想看今晚怎麼樣會比較愉快，明天，甚至下星期都比照辦理。

2月11日

我們的任務就是釋放自我，
擴大我們悲憫的範圍，
去擁抱所有生物、
整個大自然以及一切的美。

——阿爾伯特・愛因斯坦 博士
（Albert Einstein, PhD）

美好的人際關係

2月12日

回想一段美好但已過去的人際關係，無論對象是朋友、家人或情人。是什麼讓這份關係如此美好？在那段關係中你付出了什麼？高敏感族佔有什麼優勢嗎？在那段關係結束後，你有什麼樣的成長？

結束是一件令人難過的事，但有時它也可以讓人成長，無論是你或對方。悲傷沒什麼關係，但也要記得曾經的美好。

Note.

榮耀的友誼

2月13日

回想一位至今仍愛你的朋友。他曾經陪同你度過困難時刻，只要你要求就一定伸出援手，隨時關心你的狀況。

哪一件曾經受到朋友照顧的事讓你印象最為深刻？什麼原因讓他們成為你的好友？他們做了什麼事，或者說了什麼話，讓你們的感情歷久彌堅？

現在找個時間，用張小紙條、感謝卡，或發封電子郵件，寫下你對他們的感激。內容要長要短都由你決定。即使只是簡單地寫下「嘿，謝謝你當我的好朋友」也可以，相信對收到這則訊息的人來說，一定能明瞭文字背後帶有多麼深的情意。

取消訂閱

2月14日

很多人喜歡在社群媒體上，分享自己多采多姿又詳盡的生活點滴。高敏感族可能會對這些訊息產生焦慮。看著別人盡其所能地展現自己過著精采又快樂的日子，因而感到沮喪或抱怨，過多的負面情緒又會壓得自己喘不過氣。今天自我照護的方法就是關掉這些媒體，取消追蹤別人的訊息。找一些其他訊息去讀、去看，就從今天開始做起。別再拿自己和別人比較，從此刻開始關愛自己。

Note.

藝術化的轉變

2月15日

與藝術聯結是處理情緒的最好方法。網路世界可以找到大量的藝術作品，你不需要真正擁有它們也可以盡情欣賞。

今天花十五到三十分鐘在網路上搜尋有關藝術創作的影像。可以利用地理標籤或者主題標籤來找尋當地的藝術家，也可以透過相關的網站來找尋並瀏覽他們的創作。找到一件能引起你共鳴的作品，藉由放大、縮小以及不同角度，好好來欣賞該作品的每個細節。

你對這件作品有什麼感覺？它是否觸動了什麼事？

留意一下在欣賞藝術創作時，身體、情緒或者想法上所出現的任何細微變化。

為當下計畫

2月16日

松鼠和螞蟻為了未來儲存糧食，整日忙進忙出。為未來預做規劃當然重要，但太多的計畫會消耗當前能量。規劃未來有點像是替自己預先準備禮物，不過它也可能導致焦慮或者妨礙你享受當下。今天能否刪除任何非必要的計畫，好好專注在此刻呢？

Note.

2月17日

共同價值的聯結

經常和與自己有同樣價值觀的人群互動是愉快的，無論是宗教團體、非營利組織或者朋友之間組成的團體。在壓力來臨時也能獲得支持。

並非所有人或所有組織在每件事上的看法都和你一樣，但是加入一個符合自己需求的團體十分重要。現在所參加的團體，價值觀是否和你一樣？如果不是，那麼是否考慮尋找加入其他團體？如果打算這麼做，一開始不要對新團體許下太多承諾。

學者發現，愈有歸屬感的人，愈能感受到生命的意義。

2月18日

我有權利對自己、其他人以及整個世界抱持希望。

2月19日

打造一個你所希望的世界，這項目標一直以來總是充滿挑戰。

——路易斯・阿法洛（Luis Alfaro）

2月20日

深呼吸

要經常規律地關注呼吸。呼吸的時候把手放於胸口，感覺它的起伏。接下來進行五個深呼吸，同時仔細感受一下身心有什麼感覺。

吸氣 我能察覺到自己的感受。

吐氣 什麼都不會改變我的價值。

今天找個時間放下手邊工作，專注在呼吸上。提醒自己能夠察覺自己的感受。感受單純就是感受，與好或壞的價值無關。

年輕的我

2月21日

許多高敏感族對於年幼時期的回憶，都曾覺得被人漠視。回想一下自己的成長過程是否也曾感覺孤獨。

那時你最希望聽到怎樣的話？假想一下你可以依據自己年幼時期的需求，重新塑造父母的形象。

如果年輕時候的你出現在面前，你會對他說什麼？相信你會用比對現在的自己更溫柔、更仁慈的口吻對孩子說話。

如果現在有孩子前來請求幫忙，你會對他說什麼？把它寫下來。

中場休息演說

2月22日

想像一下自己是領導者，需負責帶領家庭成員、某個隊伍、社團或者工作團隊。你會如何鼓舞整個團隊？如何讓團隊正常運作？如何排解成員之間的衝突？你擅長哪方面的管理工作？當遇到問題需請求協助時，會向誰請教？扮演不同的角色，可以幫助你發展某些自己不曾注意到的能力與特質。

戲劇之愛

2月23日

這星期找個時間觀賞一部關於愛的影片。不一定關於愛情，它可以是：

- 朋友之愛——魔戒
- 手足之愛——冰雪奇緣
- 社群之愛——海洋奇緣
- 家庭之愛——夢想之地
- 動物之愛——玉子

當觀看這些電影時，劇中角色有哪些關係特別引起你注意？他們如何在自己的需求以及所愛對象的需求間取得平衡？從影片中你看到什麼希望或感動？可以邀請朋友一起觀看並討論片中劇情。

好表現

2月24日

許多高敏感族覺得在人際關係中，自己經常是付出較多的一方，得不到等值的回報。你的生活中是否也有這樣的例子，總是對他人付出關懷、施予和支持。當回想這些例子時，將心中怨恨或覺得受傷的情緒移開，專注於自己樂於助人的優秀表現，並且為自己感到驕傲。

Note.

休息的定義

2月25日

儘管二月的天數比其他月分短，很多人仍覺得這個月讓人筋疲力盡。你覺得呢？也感到疲倦了嗎？

什麼原因造成這些疲倦？夜裡沒辦法好好睡個覺？或者長期累積下來的慢性疲勞？

提到休息，腦海中出現什麼念頭？讓思緒盤旋一下，想一想何種休息方式最適合自己。

這星期能否安排一次類似的休息方式？也許在公園的草地上打個盹兒，或者某個早晨睡到自然醒。總之，順應身體的需求，這星期讓自己能得到充分的休息。

充足的時間

2月26日

許多高敏感族想要做好每一件事，見到每一個人。對他們來說時間不夠用是件痛苦的事。

對你來說，哪些人是此生最重要的朋友？儘管每年只聯絡一、兩次，要如何確保自己不會忘了這件事？可以預先安排時間好保持聯繫嗎？

同樣的，有些朋友應該保持距離，如此一來你才有時間多關懷自己。並不是說那些人是壞朋友，只不過你的時間有限，別把自己繃得太緊了。

社交技巧

2月27日

這一年你希望自己有哪些成長？特別在社交生活上，能增加哪方面的能力？

也許是學習聆聽的技巧，參加更多社交活動，或者加入某個社團。記得提醒自己，你不可能改變或控制別人。有哪兩項技巧是你最希望擁有的？做為自己的好朋友，你會用怎樣的方法自我練習？

拿張紙，畫下一些自創的圖像來代表你的目標。例如，可以把自己畫成足球校隊隊員，來代表想加入某社團。

2月28日

對自己仁慈，
跟對他人仁慈一樣重要。

Note.

3

月

3月1日

希望在黑暗中萌芽。如果你堅定地懷抱希望，努力做正確的事，黎明即將到來。等待、觀看、努力，就是不放棄。

——安妮・萊莫特（Anne Lamott）

季節變換

3月2日

冬天過後，大自然開始萌發新生命。你或許也有類似季節變化般的成長和休眠現象。留意周遭，無論是大自然、其他事物，或者你自己的成長變化。當你對於自我成長的能力感到驚訝時，記得提醒自己並不需要在生命中所有季節始終綻放。

Note.

百花盛開

3月3日

當想到成長和擴張時，哪三件事情能幫助你成長？植物需要土壤、水和陽光才能成長。不同的植物對於這三者的需求多少有所差異。人們同樣也需要仰賴不同的養分成長發展。身為高敏感族，你可能需要特殊組合的營養照顧，有些日子像是嬌貴的蘭花，有些日子像是野花。

就像植物一樣，人們也需要養分才能開花結果。能幫助你成長的三種營養，其中是否有某一項供應吃緊？你能爭取到更多嗎？如果不行，什麼因素妨礙了你？有其他的方式可以獲得嗎？

自我空間

3月4日

許多高敏感族不敢關愛自己，因為他們擔心那是自私的表現，或者可能會忽略周遭的人。自我照護並非將自我福利凌駕他人之上，而是給自己和給他人同等份的關懷。像照顧他人一樣地關愛自己，細心地觀察自己情緒的變化和需求。

吸氣
我有生命。

吐氣
我理當照顧好自我的需求。

Note.

自然的撫育

3月5日

對許多高敏感族來說，與大自然聯結是獲得重生能量的最好方法之一。不過對於工作繁忙的人來說，可能抽不出時間親近自然。找個時間想想你生活中的四季變化是什麼？用比喻的方式描述它們。比如秋天是割捨的季節；冬天是休息的季節；春天是擴展的季節；夏天是歡樂的季節。

你現在處於什麼樣的季節？這種狀態持續多久了？你在本季中需要經歷哪些事，一旦順利通過後才能邁入下一季？是什麼樣的客觀條件，讓你覺得自己已經可以進入下一季？

小叮嚀：關心一下缺水狀態。現在就先替自己倒杯水喝了吧。

3月6日

如同自然界中的萬事萬物一樣，我也會成長與改變。

核心集團

3月7日

在社交生活中，高敏感族會不斷地觀察別人心裡所想和情緒反應，所以相當消耗精力。然而社交經驗對於成長來說，又是一件十分重要的事。當你向信任的人學習時，可以安全地改變自己的想法，同時感受得到支持。並非任何人都能成為你的核心成員，更深入地認識你。回想一下人生中，誰對你的成長影響最大，算得上你的核心集團。

自然的課程

3月8日

今天或這星期之內安排個時間到大自然中運動。可以到公園散步，在最喜歡的河邊或湖邊做瑜伽，或在附近找條小徑騎自行車。運動時特別留意身體對呼吸的感受。感覺氧氣進入身體，帶來了生命力與能量，一面環顧周遭自然環境。注意到怎樣的生機盎然表現？置身於自然的懷抱中有何感受？是否從中學到了什麼事，可幫助你將它們運用在本週接下來的日子裡？

Note.

倉促無法造就美

3月9日

我的花兒綻放
亮麗、繽紛，充滿生命與希望
驕傲又滿足
享受著我所創造出的美

我忘了之前
掙扎、痛苦、失去、孤獨
修剪的季節
忍耐、盼望、培育

願我保有這種感覺

當進入下一季
相信這份美還會再次到來
在它該來的時候

為今天加油

3月10日

有些食物能讓人感到舒適，能撫慰情緒，有些能滋養及賜予力量。充滿高密度營養的食物，替身體每個細胞加滿油。

什麼樣的食物或餐點能讓你的身體感到飽足？今天、明天的早餐或午餐就這樣吃吧。用餐完畢後，仔細感受這些食物對身體造成怎樣的影響。你能夠讓這樣的感覺持續一整天嗎？

已發現攝取含有大量蔬菜、水果、肉類、魚類以及完整穀物的食物，能降低焦慮和憂鬱症狀發生的風險。

努力成長

3月11日

回想一下，你曾經努力地讓自己成長進步。是什麼動機讓你這麼做？你如何克服挑戰？從中你學習到什麼經驗，可對未來的成長有所助益？如果距離上次努力成長已過了好長一段時間，有什麼原因使你無法繼續進步？在追求成長的過程中你最重視什麼？找出有效的學習方法，同時努力地追求進步，能讓你更有效率地成長。

誠摯的

3月12日

無論生命中遇到積極或消極的人，都造就了你現在的模樣。想想看是哪一個人，無論就社會化、專業領域或者情感上，對你的發展有正面影響。寫一封信感謝他們塑造了現在的你。

你不需要真正寄出這封信，當然也可以寄。認知他人在你的成長過程中扮演了某種角色很重要。如同有一天你接受來自他人的感激與認可。對你來說也許只是一樁小事，卻可能改變了別人的生命，即使他人從來不曾告訴你。

3月13日

生命中最偉大的榮耀不在於從未跌倒，
而是每次跌倒後都能爬起。

——尼爾森·曼德拉
（Nelson Mandela）

向下扎根

3月14日

你是否曾注意到一棵樹生長時的變化？當它們長成大樹後，能為其他生物提供食物、庇護、氧氣，自成一個生態系統。如果你一心想找尋曾經見過的幼弱小樹苗，結果可能會大失所望。同時因為一直低著頭，也看不見為你遮蔭，為其他動物提供住所的巨大橡樹成熟之美。類似的情況，如果一直為孩提時期柔弱的你感到自憐，就無法欣賞長大蛻變後的你有多美。

禪與自我維護的藝術

3月15日

挑選一種藝術創作方法，走到戶外，以對大自然的讚嘆做為靈感來源，創作一件作品。如果你想不出什麼好點子，可以參考以下例子：

- 拍攝五張有關生長的照片。
- 為最喜愛的樹／動物畫張素描或水彩畫。
- 用最愛的花做為創作珠寶的靈感。
- 為你喜愛的季節寫一首詩。
- 把沐浴在大自然中的感受，用歌聲或樂器展現出來。
- 以自然做為主題，烘焙並裝飾一個蛋糕。
- 用對自然的回憶，做一件立體模型。
- 編一段可展現成長的舞蹈。

小叮嚀：並不需要非常善於藝術創作，你一樣能從中受益。

鼓勵的話

3月16日

關注成長的這個月已經過了一半，你覺得自己的進度如何？需要聽一些鼓勵的話嗎？把這些話寫在紙條上，張貼在看得見的地方。也可以將它們用電子郵件、簡訊或語音訊息傳送給自己。成長這條路很少是一條康莊大道。當感到沮喪時，停下腳步並且鼓勵自己一下，能幫助你繼續走下去。

Note.

活出你的價值

3月17日

許多高敏感族非常喜愛大自然以及其他生物。一旦這樣的生態環境或動物福祉受到侵害，他們就會感到情緒崩潰。要知道，你不可能關注每一件自己在乎的事。因為就是不可能。這個世界上無時無刻都有許多事正在發生，關心每件事的結果，就是讓自己的同情心疲憊不堪，或者出現替代性創傷。

你能夠運用手邊哪些資源，為自己所在乎的事盡一份心力？例如擔任某機構的義工、捐款、捐助糧食，或者參與在社群媒體上相關的意識活動。記得別做出過度承諾，而是找一種方法展現出自我價值。

3月18日

要長得好，
我需要根基、營養、空間、
安全和休息。

3月19日

發光發亮

想想看自己對什麼事感到驕傲。也許是長久以來一直培養的人格特質（例如有耐心、當個好朋友）；努力追尋的成就（例如學位、獎項）；或者已經經營許久的事物（例如工作、健康的身體）。今天坐下來好好想想，當認知自己為某事努力時，有什麼特別的感受。

視覺化

3月20日

找個時間安靜地坐下，專注在呼吸上。隨著每吸入一口氣，感覺胸腔的擴展。擴展得愈來愈深，直到形成一種緩慢又規律的呼吸節奏。幻想自己身處於一個祥和又滋養的大自然中。

當你環顧周遭，留意看到什麼樣的色彩、質地與光影。陽光灑在皮膚上的感覺，聽到風聲、動物聲和流水聲。

盡可能地幻想愈多細節愈好。感受大自然帶來的寧靜與療癒。直到感受完畢，將注意力轉移回呼吸上。再慢慢回到當前的空間。

動物王國

3月21日

如果有一整天的時間可以讓你變身成一隻動物，你想變成什麼？是天空、陸地還是海洋裡的生物？吸引你變成那種動物的原因是什麼？你需要害怕或擔心什麼事？這樣的轉變對你有什麼影響？想像自己處於一個完全陌生的領域，可以幫助你探索自己心裡新的一面。無論是冒險、好奇或者創造力都可能因這場奇遇而被激發。

音樂時間

3月22日

哪一首歌曲、音樂家或者專輯，特別能讓你回想起成長過程？今天找個時間重聽這些樂曲，並且跟著唱或哼出聲來。

什麼樣的情緒被引發出來？記不記得第一次聽到如此觸動心靈的音樂，那時候的你是什麼樣的人？這些音樂如何幫助排解情緒？之後你如何在人生的道路成長？

唱歌是一種能強化調節呼吸肌肉的活動。它也能刺激迷走神經，使緊張的情緒得到平撫。只要有機會，不妨就調和一下這對神經，你將因此受益。別擔心自己歌唱得好不好聽。

限制

3月23日

你所關心的人、事、物的數量，應該遠超過你所擁有、能付出的資源總量。這樣的結果可能讓你感到遺憾和悲傷。要知道你不是超人，不可能面面俱到地照顧好所有重視的事。

吸氣
我可以深切地表達關心。

吐氣
我無法解決所有事情。

注意以上兩句話會帶出怎樣的情緒反應。留給自己足夠的空間來感受這些情緒。

人生的時間軸

3月24日

對於昨天體認到的成就或人格特質，回想一下它們是如何造成的。認清許多重要發展的最好方法，就是回顧過去的生命，檢視成長的今昔差異。

那些意義非凡的事件，以及促成你有所成就或能力的人，發生在你生命旅程中的哪個階段？你有沒有意識到，這些特別的事件或人物，對幫助你成長的影響是如此意義深遠？

要知道當你感到迷失或沮喪時，是沒法看清楚什麼事或人改變了我們的生活。最好過一段時間再回頭看。

3月25日

最有意思的挑戰
就是如何將約束翻轉成機會，
創造出世上獨一無二的事情。

——尹美珍（Meejin Yoon，MA）

Note.

舊目標

3月26日

當初可能因為出於激動、期望或者充滿野心地為自己訂下目標，後來卻發現它們成了被嫌棄、不得不、極度困擾的包袱。問問自己，有沒有辦法取消這些目標，或者重新訂定，重新將它們導回如同一開始時，那種令人激動，充滿期盼且雄心勃勃的目標。

表現目標（performance goals）專注於達成特定結果。而精熟目標（mastery goals）則著重在努力、學習，以及解決問題。精熟目標與提升表現、見聞和信心有關。

謝謝你，接下來呢？

3月27日

你現在的成長重心是什麼？

無論你活到多大歲數或者處於何種人生狀態，永遠都有個「接下來」在等著。也許是個地點、人，或者人生經驗。考慮到未來，可能讓人精神疲憊，甚至感到害怕。所以找個時間好好想一想，接下來自己有什麼打算。每個人的資源都有限，如果要你同時考慮二十件事，一定會把人逼瘋。所以今天我們只要想一件事就好。它可以跟你的工作有關，跟人際關係、情緒，或者社會成長有關。你對哪一件事比較感興趣？能否把在該方面的成長擺在生活第一優先的位置？何時會知道你需要重新安排另一個目標？

認識你的成長

3月28日

成長需要毅力，是脆弱的，是一場冒險，是希望、力量與決心。你能夠從自己身上看到這些嗎？大聲地對你自己說出：

「即使在追尋目標的道路上跌倒，我仍持續地成長著。我的成長是毅力、脆弱、冒險、希望、力量、決心的結果。我感到非常驕傲。」

公開地讚揚自己的特點，也同時稱讚他人。無私地讚美是促成美好世界的力量。

Note.

空轉

3月29日

成長耗時耗力，需要休息。休息能消除疲勞，紓解壓力，整合身心靈，以及調節中樞神經系統。你不會忘了要替車輛加油，但卻可能漠視身體需要休息。這樣的後果極具破壞性。今天你需要哪種休息方法？

需要休息的可能是身體、精神、情緒或者社交生活。今天讓自已有連續半小時不受打擾的休息時間。之後，把身體、心靈以及情緒在休息後的變化記錄下來。專注在平靜、重振精神或者得到撫慰的感受上。

研究指出，睡眠狀態下，身體合成代謝效率會加速，對於修復身體、合成蛋白質以及調節皮質醇來說極為重要。

3月30日

成長不見得肉眼可見。
我可以用自己的速度成長，
依照自己的時序發光發亮。

Note.

堅持

3月31日

當你為了健康與幸福，不間斷地養成良好生活習慣，要知道身旁其他人不見得選擇和你相同的方向。他們可依照自己的價值觀，選擇想要的生活方式，而他們的健康並非是你的責任。如果你比周遭其他人都健康，不需要因此感到自責。

Note.

4
月

4月1日

歡樂與悲傷不可分離，它們結伴而來，
當其中一個與你同桌而坐，
記住，另一個正在你床上酣睡。

——卡里・紀伯倫（Kahlil Gibran）

4月2日

刪減

應該將已經不再需要的事物割捨掉，騰出更多的空間留給重要的事。因為如果需要付出的時間或資源超過自己所擁有，焦慮感可能因而出現。學習放手多半是正面的事，但要向某事或某人道別，還是讓人覺得失落。這個月要來探討你的人生有哪些部分需要刪減。

4月3日

我能保護我的時間和精力。別人不可以予取予求。

割捨的區塊

4月4日

如果需要割捨及放棄人生某些事物，什麼事情會浮現在你腦中？其實可以將割捨視為替人際關係設下界線，收回一些承諾，為自己清除出一些時間與空間。你無法預知生命中何時會出現新的機會或遇見新的人，但整理出更多空間，可以讓你隨時迎接他們。

列出生活中有哪三個區塊你可以刪減，以及能刪減到何種程度。並非要你在一天之內完全斷捨離，而是開始去思索，在近期或較長遠的未來，有哪些事物需要割捨。

自我照護無需罪惡

4月5日

當高敏感族需要向某人收回某些承諾時，經常會出現罪惡感。他們會考量對方因為自己的決定而出現失望、難以理解，或者受傷的感受。不懂得割捨的結果，導致自己做出過多承諾、筋疲力竭、焦慮或者心生不滿。

吸氣
我不需要為討好他人而犧牲自己。

吐氣
我可以依照自己的變化而調整生活。

保護自己的時間

4月6日

一旦你騰出更多時間空間，別人可能會誤以為你有空做其他的事。你必須學會拒絕，審慎地評估是否可以承接下新事物。除非真正值得，否則仍應把時間留給有益身心的各種練習。例如規律地飲食、良好的睡眠習慣、均衡飲水（現在就替自己倒杯水喝），以及進行讓身體覺得舒適的運動。

找出三種讓自己感到日子過得很踏實的練習，下星期優先練習它們。讓生活各個面向保持平衡，好迎接未來任何好機會到來。

社交轉變

4月7日

生活中最難刪減的部分大概就屬社交活動了。有時候對方是你非常重視的人，但同時段早已安排好其他活動，有更重要的事情得優先處理，或者需求改變等原因，不得不放棄該社交活動，心情也因而難過或覺得受傷。想想看有沒有其他方法可以繼續與該人互動，畢竟沒有什麼事是恆定不變的。你可以因為計畫必須改變而感到傷心，但這不會影響你保持開放的心態，讓轉變順利完成。

重新評估目標

4月8日

還記不記得年初訂下的運動計畫，至今仍持續進行中嗎？很多時候一開始訂定目標時，心中充滿雄心壯志。但隨著時間過去，動力消退，也就表現得意興闌珊。

如果發現沒能按著計畫朝目標前進，先不用氣餒，問問自己該目標是否仍值得努力追尋？如果不值得，那麼該如何做調整？把它寫下來或者大聲唸出，原本的目標值不值得繼續追尋，以及接下來要怎麼調整以便繼續前進。

研究顯示，訂定目標時，事先認清可能遭遇的瓶頸，以及擬訂應對策略，能有效減少半途而廢，或者偏離原計畫的可能。

盆栽

4月9日

看著花盆
我知道限制在哪裡
在這範圍內
決定如何發展

謹慎小心地修剪
舒展與收斂之間
吐納
耐心等待成形

修剪過度
將永遠變形

傷口無法復原
不要倉促下刀

修剪不足
失去平衡
過盛的枝葉會壓垮我
不要遲疑恐懼

溫柔、穩定
斟酌、仔細
大膽、謹慎
耐心、包容

消費者文化

4月10日

檢視一下自己的時間、精神及金錢都消耗在哪些方面，其中是否有些屬於沒有益處的消費項目？也許是飲食、購物、上網或玩遊戲的時間等。高敏感族較容易受到周遭資訊或物質的影響，在有益和無益消費之間的界線十分模糊。

有哪些消費項目可以刪除？如何讓消費方式更為適中合理？有多少屬於有益的消費？後來怎麼會變了調？這星期找個時間檢查並刪減一下消費項目，例如將瀏覽社群媒體的時間縮短至三十分鐘內；減少每日的糖攝取量等。體會一下這麼做之後有什麼感受。

痛苦的往事

4月11日

失去某段人際關係是非常痛苦的打擊，但也是人生必經之旅程。回想一下某段已失去的人際關係，也許是友情、愛情、親情或同事情誼。當初你最喜歡那份感情中的什麼部分？最後為什麼結束？回憶的過程中，可能會不由自主地因為失去而出現悲哀、受傷甚至憤怒等情緒，不用刻意壓抑它。重點是在那段關係結束後，你從中學習到什麼？有些時候，生命中最痛苦的經歷能激發出最強大的成長能量。

Note.

謝謝自己

4月12日

回想一下，你曾經成功地割捨掉哪些生命中不再重要的事物。哪個部分最困難？什麼事幫助你完成它？揮別過去後，人生如何繼續向前邁進？這樣的經驗又對你造成什麼樣的改變？

今天花幾分鐘的時間，寫一則感謝字條送給從前的自己。知道割捨後是什麼樣的感覺，為自己曾經做出如此困難的決定表達肯定。現在的你是如何受惠於當初的決定，並且因而成長。若現階段你還無法體會自己得到什麼好處也沒關係，人生本來就有許多事，包含做出抉擇，都是根據不完整的訊息而行。

4月13日

我們應該對自己所犯過錯
感到懺悔並從中學習，
但千萬別帶著它們走向未來。

——露西・莫德・蒙哥馬利
（Lucy Maud Montgomery）

研究指出，懺悔與洞察過去的能力有關，它能讓人內省，以及維繫社會和諧。但是一直沉淪在悔恨中卻有損於身體健康。要從中學習並持續前進。

4月14日

有捨才有得

大自然展現出許多需要擴展與收斂的例子。例如潮水漲退、樹木落葉、蛇褪皮，以及蝴蝶破蛹而出。你也不能逃避這種自然法則，儘管有時十分痛苦。不妨為不時需要斷捨離所帶來的傷痛預留空間，要知道這是成長的必經之路。為心中出現的否定、憤怒、埋怨與悲傷等情緒預留位置，直到你可以接受它們為止。

痛苦中的美麗

4月15日

藝術是處理情緒的很好方法，特別是那些過於複雜或不易表達的情緒。生活中的割捨可能會引發悲傷、解脫或受挫等不同情緒，也可能讓他人感到困惑。請記住，你可以拿出喜歡的藝術用品，花個三十分鐘到一小時好好創作一番。

一旦腦海中出現任何畫面、某種感受或靈感，立刻動手開始創作。雖然處於應該割捨的階段，但還是可以創造出新的藝術作品。許多受人喜愛的繪畫、音樂、電影或照片，都是人在心碎或失去時創作出來的。你有沒有特別喜歡其中某些作品？

聽覺上的反思

4月16日

你是否特別喜歡哪張音樂專輯或歌單，它能為你帶來勇氣、安慰或力量。今天不妨一面聽著這些音樂，一面回想過去幾週，你依照本書的指導進行了許多練習，身心有什麼感受。也許你覺得自己根本做不到本季所要求的割捨抉擇，甚至情緒已經緊繃到極限。多留給自己一些空間，允許等到調適好之後再繼續回到練習。

Note.

需求單

4月17日

將四月分你正在執行的工作，其他協辦事項，或者需要花時間在上頭的所有工作寫在紙上。要知道每項工作背後，都需要付出一定的精神、體能、情緒、金錢甚至社會資源才能完成。

有時將事項一筆一筆地清楚寫下，能幫助你了解自己身上究竟背負了多少使命，即使有些事你根本沒注意到它。思考一下哪些事是你所重視，哪些決定造成你現在所處的局面。你的價值觀和所做出的承諾是否一致？如果答案是否定的，你要如何調整它們？有些調整必須即刻決定，有些需要從長計議。每隔幾個月就回頭看一下自己列下的需求單，畢竟你和所做的承諾也是一直變動中。

4月18日

我可以拒絕，
我可以改變心意，
我可以是不完美的。

決定權

4月19日

對高敏感族來說，拒絕或改變心意是件令人不安的事。可能覺得這麼做需要給別人一個合理的解釋。有些時候為了維繫彼此的良好關係，別人可以接受你的解釋；有時別人會直接指責你的錯誤，並試圖讓你改變心意。你的決定權受到挑戰，你可以選擇要和誰分享自己的想法。

吸氣
我相信我的抉擇。

吐氣
我不需要向別人解釋我的選擇。

單純的感謝

4月20日

生活中需要收回自己的承諾時，哪些人能理解並支持你的選擇？當他們表現出同理心時，你有何感覺？每個人在生命中都可能有類似的經驗，當心中坦然時，找機會向他們道謝。如果不知道該如何說出口，可以仿造以下例句：

「我記得當我＿＿＿＿＿＿時，你對我說了／做了＿＿＿＿＿＿，幫了我很大的忙。謝謝你。」

如果你已經不再與那人聯絡，也可以大聲地把心中感謝說出來。這些單純感謝的話語，只要經常使用它們，就愈容易說出口。

研究顯示，練習感謝能夠增進幸福感。

想像全都是閒暇時光

4月21日

想像著你的人生，在工作與生活間是超完美地平衡。那會是怎樣的人生？

大多數人在面對挑戰時，都會想著只要過了這關，接下來就平順了。殊不知過了一關又見一關。如果可以收回承諾，而且不需承擔任何後果，你覺得日子會變成什麼樣子？空閒出來的時間你想做什麼？你想要常常看到誰？這種平衡的理想人生會對你的心情以及人格個性造成怎樣的改變？

Note.

英雄的缺點

4月22日

你最喜愛哪一位科幻故事裡的英雄人物？如果有時間的話，可以重新閱讀、聆聽他的故事，或者觀看影片。提到英雄，人們想到的第一件事多半是他們擁有超能力。但真正引起人們共鳴的地方，往往在於英雄也有缺點，也有和你我一樣的人性。是哪方面的不完美讓你喜歡上那位英雄，而不是去批判他？將塑造出那位英雄的超能力以及缺點寫下來。

你的缺點以及犯下的過錯，有沒有可能也會引起他人的共鳴？以自己做為英雄角色，寫下相關的超能力與缺點。要知道善與惡同時存在，一直在互相角力著。重要的是認同自己。

準備好土壤

4月23日

在播種前，農民會先整地，清除雜草和其他植物，以免它們妨礙農作物生長。為了耕耘自己的人生，你要如何整地以及清除雜物？今天把自己已經完成的工作寫下來，同時想想看自己做得有多好。請記得，即使做得不是盡善盡美，也應該為自己感到驕傲。

Note.

準備空間

4月24日

你的人生是否有什麼雜亂無章的空間？你的房間、抽屜、電腦裡的檔案夾，或者不得不持續追蹤的社群媒體訊息。這星期找個時間好好整理一下它們。依照自己能使用的時間與空間，預先規劃一下要用什麼工具或方法來完成這項工作。

如果覺得整個工程過於繁重，無法招架，也可以將它們細分成數個區塊，以自己能承受的分量為宜。比如說一次先整理一個抽屜，只清理冰箱中的一個層架。如果想等到有時間一次整理乾淨時再動手處理，結果往往就是不斷地拖延。一旦有新的事物到來，整理好的空間可讓它們立刻就位。

4月25日

生命是艱困的，不見得事事順利。
但我們應該勇敢地面對人生。

——BTS閔玧其（Min Yoon Gi）

揮別過去，迎向未來

4月26日

這個月的割捨功課進行到現在，你對於自己有沒有更多的認識？有些可能是實際狀況，例如「我比想像中還忙碌」；有些是內心的掙扎：「我痛恨自己有所極限」；有些與他人相關：「我們的緣分已盡」。有沒有注意到自己的情緒底線一天天地改變？覺得已經準備好敞開心門迎接新機會？或者發現自己慢慢找到渴望已久的平衡人生？

積極的否定

4月27日

這一週我們來練習說「不」。聽起來好像很簡單，實際上可能充滿挑戰。高敏感族非常在意別人被拒絕後的反應，所以會盡可能避免這類不愉快的場面發生。

雖然我們並非一定要說出「不」這個字。但是直接明確地溝通較有幫助。經常練習可以熟悉如何讓心態在較為舒坦的情況下說不，讓你在拒絕他人時減輕焦慮。去敏感化治療的理論基礎就是愈常做某事，就愈不會對它產生恐懼，因為已經漸漸習慣該種新行為。所以如果你覺得為自己設定底線，或者拒絕別人時會感到焦慮，現在就是開始練習的最好時機。

為何不說不

4月28日

對於昨天說不的練習有什麼感想？回想一下自己成長的過程，例如在家裡、學校，或者宗教團體，如果表示不想與他人討論會得到什麼反應？是否不同性別、種族、能力及其他因素差異的人，也會出現不同的反應？說不有時會和自私、沒有用、心態消極或者難相處劃上等號。事實上，它是在資源有限的條件下審慎預算。你不可能給別人自己根本沒有的事物。

安排休息

4月29日

在這個刪減的季節，有沒有覺得自己睡眠或休息的時間變多了呢？和先前的生活方式有什麼不同？今天就當作是你的本月福利，用最喜歡的方式多休息幾個小時。早點上床睡覺、賴個床再起來、打個瞌睡，或者用最舒服的姿勢躺半小時以上。

睡眠是少數幾件最不應該被刪減的項目，然而它卻最常被犧牲掉。除了以下狀況需要注意：如果每天都需要睡超過十小時，你應該去看一下醫生。因為有可能你的身體或心理已經生病了。

4月30日

清理雜亂無章的事物，
無論是實質或比喻，
我製造出更佳的空間。

Note.

5

月

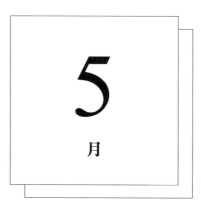

5月1日

我們內心深處，對於健康、成長、愛情、工作，以及真實生活一直存在著相互矛盾的衝動。

——珍妮佛・昆斯特 博士（Jennifer Kunst, PhD）

放慢腳步

5月2日

對於許多高敏感族來說，總覺得生活的節奏太快。改善的第一步是割捨，接下來就是學習調整自己的步調。包含了前後兩件工作之間的銜接速度；被強烈情緒吞沒時，如何讓心情平緩下來（無論正面或負面的情緒）；以及用更溫和的態度處理事情。調整工作計畫也有助於減少急躁倉促感，使得較能夠樂在其中。

找出干擾源

5月3日

回想一下每天最常做的事情，像是購買日常生活用品、洗衣服，或者每天早上的例行家務事等。最近當進行這些工作時，是否會感到焦慮或者倉促？什麼原因造成這些壓力？

找出三件讓你感到不舒服的原因。也許是內在原因（例如肚子餓，或者心裡還惦記著其他待辦事項）；也許是外在原因（例如有誰一直在旁邊催促你；鬧鐘響個不停）。找出那些使你無法保持冷靜的干擾源，以便想出解決對策，或者提早規劃其他的處理方法。

取悅他人

5月4日

高敏感族千萬要注意，不要為取悅別人而攬下更多工作，或者趕著完成它。結果導致工作效率不佳，自己也不愉快。反省一下你的生活中，是否也存在這樣的問題？能否把問題說出來，或者找到其他解決辦法？

吸氣 我沒義務配合別人的步調。

吐氣 舒服自在由我決定。

Note.

補充水分

5月5日

一整天忙碌下來，你的身體需要補充營養和水分，同時也需要空間來消化這些營養。先替自己倒杯水喝！身體就像是機器一樣，需要獲得能量才能有效率地運作。和一口氣吞下大量的水相比，分成多次均衡地飲水更為健康。為自己找出幾種更簡易或更有趣的喝水方法。例如：

- 挑選自己喜愛的水瓶或杯子。
- 建造一種為自己補充水分的固定模式。
- 找一個能統計飲水量的應用程式或記錄方法，和朋友分享它。

5月6日

對於所在乎的事，用自己的步調進行，更能享受其過程。

舒適的交際

5月7日

想想看在你的各種不同社交世界裡，哪些社群讓你感到輕鬆自在？為什麼會覺得比較舒服？

高敏感族在能夠包容彼此相異的環境中感受較為自在。當覺得自己需要暫停休息一下或者感到不舒服時，能自由地表達感受的環境比較能夠做自己。找出那些較少約束、感覺愉快的社交環境。

我的節律

5月8日

運動對於高敏感族來說，可能是比較能接受的高刺激活動。尤其很多人都說運動有益健康，因此你也較願意把自己逼得緊一些。

這星期找個時間，進行自己喜愛的活動。運動時，找出讓身體有最佳表現的節奏。當加快速度時，你可能覺得有些招架不住，但也可能反而覺得更為舒壓。相反地，當減緩速度後，可能覺得無法持續下去，或者覺得這種強度的運動模式更加舒適。

策略

5月9日

這個世界來去匆匆
匆忙追趕，彼此競爭
去哪裡？為什麼？何時結束？
卻完全沒時間思考這些問題

我坐下來，靜觀評估
需要完成什麼？
要在哪裡結束？
我能持續多久？

審慎思量

做得少但成就更多
擁抱所有
小心跨出每一步

傾聽你的身體

5月10日

如同補充水分，工作了一整天的身體也需要補充養分。每天進食三餐的傳統觀念不見得適合每個人。思考一下進食的節律。許多高敏感族對於血糖濃度、能量的攝取或消耗，以及食物的種類十分敏感。

感覺一下何種食物對身體最為滋養，以及最佳的進食頻率為何。有些人覺得一天吃五小餐剛剛好；有些人習慣在餐與餐之間吃些點心。留意一下身體對飢餓的感受，什麼時候想吃東西，以及補充營養的方法。

鑑識勝利

5月11日

回想一件你依照自己的工作效率順利完成的任務。那次經驗的什麼部分讓你覺得良好？工作時你是否充滿信心？工作完成時的心情如何？如何能幫助建立這種正面的經驗？你是否因而更認識自我，更了解怎樣的工作效率最適合自己？

認識自己成功的原因，能幫助你思考及複製這類正面的經驗。

傳遞

5月12日

想想看你所認識很有耐心的人。他們能讓其他伙伴用自己的步調工作，即使動作比自己慢也不會心浮氣躁。等待時對於彼此都表現得從容。他們的耐心對你有何影響？

找時間寫個字條、短訊或發封電子郵件，對他們表達感謝。可以針對特定的經驗謝謝他們，或者只是單純地讚揚他們的美德。如同有人賞識你的某項特質而加以讚美，例如喜歡你心思細膩而敏感的個性。接受這樣的讚美能讓心情變得更積極，現在你可以把這種正向的能量傳遞給別人。

5月13日

成功是所有細微努力的總和，
日復一日地不斷重複。

——佛羅倫斯・泰勒
（Florence Taylor）

好奇心

5月14日

想一想你所敬重的人，他們有哪些優點值得學習？他們如何管理自己的時間？用什麼技巧或策略使得工作更有效率？你能從中學習到什麼，並且複製在自己的生活上？哪些項目無法炮製？對別人的成功經驗保持好奇能讓自己進步，同時也是一個練習賞識及接納別人與自己差異的好機會。

音樂的氛圍

5月15日

建立一份由不同音樂構成的播放清單，讓你能保持想要的生活節奏。至少挑選出十首歌曲，好幫助你融入當下的情境或需求。可以自行整理清單或參考以下範例：

- 放鬆冷靜的曲風。
- 正面積極的曲風。
- 強烈、勢在必行的曲風。
- 輕快有活力的曲風。

不同風格的音樂，能幫助你融入不同的心情，或者激發能量。一旦以上歌曲聽膩時，可自行增減或納入其他樂曲。留意不同的音樂帶來什麼樣的影響。

一步一步走

5月16日

假想一下你參加了一場馬拉松，目前已經跑完半程。前半場表現不錯，但還有一半的路程需完成。你希望聽到什麼話好鼓勵你繼續跑？今天就把它寫在便利貼或容易看見的地方。你可以不斷地鼓勵自己；或者想像自己在乎的人正舉著這些大字報，站在賽道旁，激勵你繼續跑下去。

Note.

文化步調

5月17日

回想一下在成長過程中，你的文化背景就「忙碌」以及「有效率」兩件事的看法，對你的價值觀有什麼影響。將它們一一寫下來，並且思考形成的原因。成長過程的價值觀會留在人的潛意識中。如同有句諺語「清潔是僅次於聖潔的事」，可能導致人產生潔癖以及羞愧感。

完成這份清單後，審視它們和你現在的價值觀是否吻合。為何是或為何不？是否能夠重新整理某部分訊息或價值觀，以便它們更能符合現在較為和緩的生活步調？結束這次的反省功課後，列出三項希望在生活中能保留，與效率、步調、忙碌相關的價值觀。

5月18日

我的價值並非取決於做了多少，而是我的確存在的事實。

比較的代價

5月19日

高敏感族常希望自己能更像其他人，沒有那麼敏感，不易受外在事物影響。拿自己和別人相比，很可能導致負面的自我評價。你不需要變成別人，只要做自己就好。一個足球隊中，如果每個人都想當守門員，那將會是一場極為無聊的比賽。社會上需要各式各樣的人。

吸氣
除了我以外，我不可能變成別人。

吐氣
做自己就好。

做得好

5月20日

如果不能馬上見到很大的成效，容易讓人出現挫折感。然而這本書所指導的探索技巧，發展速度確實不快。從一開始的自覺，慢慢出現少許改變。直到某天你發現：「哇！我真的跟兩年前有很大的不同。」

為了感謝自己願意嘗試，寫張勉勵的字條給自己，為自己擊掌加油，或者倒一杯最喜愛的飲料（記得多加點水）好做為獎勵。就算願意嘗試的結果只是不斷地失敗，你還是展現出無比的力量與勇氣。

心存感激（之前我們曾練習過的技巧）並非指移除所有負面的情緒。研究顯示，有毒的正能量，或者過分的樂觀想法，反而會引發精神疾病。

樹懶與鳥

5月21日

經過一整天的觀察，你覺得自己的能量與步調比較像哪一種動物？一隻動作緩慢的樹懶？或者翅膀停不下來的鳥？你比較願意當哪一種動物？找一張你比較希望成為的動物的照片或表情符號，今天有空的時候不妨多想想它。

媒體糧食

5月22日

除了工作或上學之外，你每天花多少時間在數位媒體上？包含電動遊戲、影音、新聞和社群媒體等。這麼多不同類型的媒體訊息，對你的想法是否造成影響？

思考一下每天你打算花多少時間與精力在不同媒體上。能不能增加對你有幫助的類別，減少有害的類別？

可以考慮使用定時器，控制不同應用程式的使用時間。或者只有在每天的特定時段才開啟某程式。留意自己對這種改變的感受，並依需求調整使用時間。

值得紀念的現在

5月23日

還記不記得幾年前的日子過得如何？藉由反省自己忘不了的回憶，能幫助釐清什麼事情對現在的你來說既重要又有意義。

思考一下現在有哪些努力值得永遠銘記在心。如果不值得未來回想起，對於一些活動或決定，是否就該放下力求完美的壓力。

Note.

轉換的時間

5月24日

為兩件工作之間保留轉換時間，對高敏感族來說十分受益。然而這樣的時間卻經常被其他事情所佔據。例如在工作和準備晚餐之間，原本應該稍微休息一下，卻去做了其他雜事，像是收發簡訊或查看電子郵件。今天特別為這樣的轉換安排時間，檢查一下行事曆，能否在兩件工作間適當地安插一段休息時間。能夠休息多久？怎麼樣的休息方式能讓你獲得重新充電的感覺？

把這樣的休息計畫排進行事曆中，並且確實執行。之後回想一下，這種銜接工作的轉換時間，對於身體、心情和精神有什麼影響。

5月25日

動手做的習慣造就贏家；
輸家什麼都不做。

——希夫・凱拉（Shiv Khera）

用自己的速度跑

5月26日

和大多數同儕相比，高敏感族的確顯得較為內向。人生就像是一場馬拉松賽事，拿自己和他人相比並沒有什麼幫助。唯一需要比較的時候，只是為了確定自己跑在正確的道路上，是否需要修正。每個人都有不同的理想和目標，用適合自己的速度向前奔跑。專心在自己的賽道上，免得不小心被其他人絆倒，或者跑到別人的終點線。

決策疲乏

5月27日

終於忙完了一整天，今晚想想看有什麼事可以先決定好，讓明天的工作更為簡易。例如：

- 備妥明日的餐點，或者先想好要到哪裡用餐。
- 把明天要穿的服裝先整理好。
- 建立工作清單，看看有什麼事情需要先完成。
- 為經常性的重複活動，例如就寢、起床、出門等，建立固定的流程。

生活上的小調整，能替未來的你減少一些緊迫。

一份研究指出，一天下來不斷地做決定，容易導致決策疲乏，而出現情緒崩潰、倦怠、消極，或者行事衝動等結果。

彈性步調

5月28日

因為對生活有明確期待的進行速度，控制步調對高敏感族來說，可能是壓力的源頭。如果覺得這個月過得真是煎熬，那麼依照自己的需求調整一下腳步也沒什麼關係。你要學會認識自己，有時需要放慢速度，有時感到精力充沛地衝刺一下。

Note.

睡眠模式

5月29日

有太多事要做，而時間總是不夠用。休息時間經常被其他工作擠壓，想要好好睡個覺變得有些不容易。尤其對需要較長睡眠時間的高敏感族來說更是困擾。工作計畫的變動，最後期限的時間壓力，需要照顧孩子或伴侶等事情，也可能妨礙健康睡眠習慣的建立。

接下來幾天，試著重新排定生活作息表，把睡眠所需時間優先排入，包含就寢前或起床後的緩衝時間。你可能覺得拒絕別人有些困難，放不下那些覺得非做不可的工作。但這星期請儘量嘗試，也許等你的睡眠模式不再匆忙後，會有不一樣的感受。

5月30日

因為對於自己是誰而感到生氣，
對任何人都沒有益處。
但是同情心有。

Note.

最佳區帶

5月31日

保持足夠地忙碌以免太無聊，又不能忙到造成情緒負載過重，找出讓自己表現出最佳效率的區帶並不是件容易的事。不過只要你處於該區帶時，工作表現一定比較好。加強自我察覺的能力非常重要，以便了解身心處於刺激不足或過度的狀態。學習和自己的身體溝通，從心跳速率、呼吸速率，情緒是否變得躁動易怒，或者其他訊息都可反應出身體狀態。記得要多關愛自己。

Note.

6
月

6月1日

快樂並非目標，
它只是附帶產物。

——愛蓮娜・羅斯福（Eleanor Roosevelt）

滿意　6月2日

這個月你要去發掘存在於日常生活中的喜樂泉源。並不是為了一直保持開心、刻意避免負面情緒，而是去尋找具有意義、舒適以及能增進幸福的事情。持續不變的快樂並不合理，我們的目標是為現在、過去及未來的自己找尋滿意且愉快的泉源。

平凡的喜樂　6月3日

今日留意一下普通又平凡的生活，找出三件能讓自己感到快樂的小事。也許只是筆記本的顏色、最喜愛的馬克杯、看到一棵樹或者毛毯的觸感。當你意識到這些事物時，提醒自己它們有多可愛。

今天結束時，把那三件事寫下來，寫在手札或筆記本中、傳簡訊告訴朋友，或發表在社群平台上。從平凡俗世中尋找小確幸，能幫助你成為喜樂的人。

6月4日

儘管生活中有苦有難，
也不能阻止我找到喜樂。
我可以好好享受人生。

Note.

6月5日 負離子

水是許多物質的根基，是能量、寧靜與淨化的來源。要確定自己已經補足了水，今天或者近日安排個時間親近水。例如：

- 好好洗個澡。
- 造訪溪、湖、海等自然水源地。
- 游泳。
- 在灑水的草坪上奔跑。
- 畫一幅水彩畫。
- 聆聽暴風雨的聲音。

當你與水一起玩樂時，留意肌膚的觸感。當下是否讓你想起了什麼？出現怎樣的情緒？也許這樣的快樂不能和完成一件大事相比，但是它能帶來平靜、滿足、舒適與幸福感。

伴隨喜悅的眼淚

6月6日

快樂得來不易。你可能正處於人生瓶頸，想保持樂觀但屢次受挫。其實沒有關係，因為我們的目的並非漠視掙扎，而是學習同時接納好與壞。這樣多少能幫助減輕面對人生路途中所遭遇的痛苦。

吸氣
歡樂與悲傷同時存在。

吐氣
我可以掙扎。

交際的感動

6月7日

當你和其他人打交道時，是否感到快樂？可能你喜歡和別人討論某些事情、聽見別人的笑聲，或者當發現你居然還記得某些事情時，朋友臉上所露出的驚喜表情。今天就回想一下從社交活動中你能得到哪些快樂。不用勉強或刻意去營造，生活中一些微小但純真的互動，就可以讓你會心一笑。

享受的空間

6月8日

附近有什麼你喜歡去的地方？也許是家中的某個角落，或者公園、咖啡館等戶外空間。這星期安排時間走一趟，同時在那進行某種你喜歡的活動。

可以邀約幾位朋友來踢踢足球；散步到鄰近的餐廳；自己一個人在家裡做瑜伽。無論是參觀博物館，到大自然中走走，或者逛購物商場，都可能讓人有快樂及重新充電的感覺。處於這些自己喜愛的地方時，開啟所有感官，好好感受一下哪些事情能讓心情愉快。

Note.

避免悲傷

6月9日

心中情緒湧現
逃避每一個機會
藏不住，真實自我正在洩漏
「放手吧」人們告訴我

我想鬆手，它反而纏得更緊
我想把它搖鬆，然而我們掙扎著
「別理我，我只是想要快樂！」
「當你感覺到我時，我就讓你走」

終於垂下肩，開始哭泣

隨著每滴眼淚，我感到被釋放
悲傷漸漸消逝
如同陽光升起，喜悅找到了我

食物的記憶

6月10日

回憶孩提時代最愛的食物或餐飲。記不記得用餐時心情有多興奮。誰跟你在一起？為什麼有那頓餐？為什麼那個食物那麼特別？

接下來幾天，想辦法安排再吃一次同樣或類似的食物。意思是你可能需要聯繫家族成員，好取得該份料理的食譜、找到那間特殊的商店或餐館，或者上網訂購該種食物。如果想和某人一起分享這頓餐點就邀請他們同來。如果這些人已經聯繫不上，那麼就安排一天自己獨享這頓餐，同時緬懷過去的美好時光。

捉摸不定的喜悅

6月11日

如果覺得喜悅讓人難以捉摸，今天找個時間仔細探索其中原因。是否正好發生在你生命季節轉變的時候？用同情而非批判的態度檢視這樣的轉變。許多時候當生命中出現挑戰、不公義、創傷以及其他負面情緒的影響時，感覺就可能被擾亂。覺得準備好時，可以重新找回這些喜悅的小磚塊，將它們慢慢地堆砌重建。

喜悅傳播者

6月12日

回想一位將歡樂帶入你生命中的人。他們是用誇大明顯的方式，或者細微真誠的互動，將喜悅傳遞給你？上次向他們表達自己的感謝之意是多久以前的事了？

想個方法向他們道謝。也許是傳張字條，寫句話表達感謝、一件小禮物、邀請他們和你共同進行某件事，或者幫他們一個小忙。請記得，你不需要花很多錢或很多其他資源來練習每天尋找喜悅的功課。微小但真心的舉動，對彼此來說都更有意義。

6月13日

有權力的人知道
他們不會去控制其他人或者物質世界。
他們相信權力是有限的，
控制手段是通情達理的。

——勞拉・S・布朗 博士
（Laura S・Brown, PhD）

情緒肌肉

6月14日

情緒就像身上的肌肉一樣，同一時間有多條肌肉／情緒在運作。隨著不斷地鍛鍊，兩者都會變得更強壯。同樣地，創傷或者損害也會妨礙情緒或肌肉的發展。受傷後需要復元，並且適度地重建它們。

試著想一下，喜悅就像肌肉一樣需要經常運動，你可以找到一種愉快又合適的鍛鍊喜悅肌肉的方法。

Note.

展示喜悅

6月15日

該拿出你的美術工具了。今天或這星期再找個時間，花三十分鐘到一小時用藝術來展現喜悅。以生活中最簡單的喜悅為主題，透過藝術創作來呈現它。可以參考以下例子：

- 和朋友分享自己烘焙的點心。
- 畫一幅表示喜悅的抽象畫。
- 把自己喜歡的物品畫下來。
- 唱一曲歡樂的歌。
- 演奏樂器或隨著自己喜愛的音樂起舞。
- 用照片布置房間牆面。
- 挑選色彩繽紛的毛線編織一個圖案。

研究指出，藝術創作有助於舒緩緊迫或沮喪的症狀。能促使情緒更開朗，也有益於身體健康。

鼓勵自己

6月16日

回想某人曾對你說過的慈愛話語。人們常無法忘懷被辱罵或在憤怒情緒下說出口的話，卻忘記能增強自己信心的話。要記得別人說過使你覺得自己愈來愈好的話，把它們寫在容易看見的地方，有時間的時候就把內容唸出來。今天一旦你感覺負面情緒悄悄爬上心頭，立刻回頭看看這些文字。

Note.

成熟的喜悅

6月17日

今天回憶一下你所成長的家庭中，大家對於開心和喜悅有什麼看法。

- 開心和喜悅是一樣的嗎？
- 會優先考慮有關喜悅的事嗎？
- 會儘量淡化它或因而感到羞愧嗎？
- 喜悅是否發生在你身上？或者是你可以創造的事？
- 你長大後，對它們的看法是否改變？

不同的宗教信仰、文化傳統、社會經濟狀況，或者媒體上散布的資訊，都可能影響人們對某話題有不同看法。反省能讓我們更注意自己的價值觀。

6月18日

我無法選擇自己遇到什麼事，也不能勉強自己的情緒反應，但我可以決定如何回應。

專注呼吸

6月19日

今天特別關注自己的呼吸。每當看到某個東西、某個人或某件事，讓你感覺心情愉快時，就將注意力集中在呼吸上。深吸一口氣，感覺整個胸廓、橫膈膜以及肩胛骨後方都一起擴展。

每當感覺喜悅時，就做兩到三次的深呼吸，同時默唸以下句子：

吸氣
誰都不可以阻止我享受這一切。

吐氣
此刻的喜悅屬於我。

穿戴喜樂　6月20日

穿著可以影響心情。今晚就寢前看一下衣櫥，有沒有哪件衣服或配件能讓你感到開心？也許是顏色鮮艷的襯衫、一件讓你感觸良多的珠寶，或者一雙穿起來特別舒服的鞋子。依照心情挑選，預先搭配好明天的穿著並且擺在一旁。準備這些衣物以及穿上它們時，心裡有什麼感覺？也許一整天都覺得比較開心，比較舒適。或者這些衣物能讓你想起誰。

為情感提供深度　6月21日

想像有個世界，那裡完全不存在挑戰，沒有悲傷，也永遠不會感到失望。那將會是怎樣的世界？你的生活會出現怎樣的改變？是否有些無聊，變得沒什麼吸引力？在那個世界，你所熟悉的哪些事、哪些人，以及哪些活動會消失不見？你怎麼知道自己會快樂？

生活在想像中的世界並不容易，而現實生活中的困難痛苦，正好為快樂提供了對比，讓你的人生及情感變得更有深度。

重新聯結

6月22日

不同形式的感官刺激，能觸動不同的情緒反應。回想孩提時代看過的某部電影、電視劇或故事書，它能喚起快樂又溫暖的記憶。找個時間再重新回味那些影片或故事，重新聯結兒時記憶有什麼感覺？小時候的你最喜歡這些故事的什麼地方？長大後的你，再回頭看這些故事時，有什麼不同的新看法嗎？

也許在後來的人生旅途中遇到了什麼事，污染了你原本從那些故事中獲得的正面積極想法。當有這樣的感覺時，問問自己能否從消極負面的心態中，再次找到正面的力量。如果不行，先略過這次練習也沒關係。

歡喜之淚

6月23日

許多高敏感族很容易在出現正面的情緒下，激動到落淚或者感到不知所措。上一次因為美麗、喜悅、慈愛或希望而感動到落淚是何時發生的事？有時一些強烈的負面情緒，剛開始會讓人感到驚嚇，但是接下來會發現同樣深度的正面情緒也在產生。如果可以的話，讓自己多留些時間與空間來享受這些有深度的情緒，它們為生命帶來意義和喜悅。

Note.

找尋寧靜

6月24日

每天都有各式各樣的聲音傳入耳中。大量感官上的刺激可能造成高敏感族筋疲力盡。因此為自己找一個從容且寧靜的空間十分重要。接下來的日子，找一天花十五到二十分鐘到戶外走走。找一處舒適的地方坐下，聆聽大自然的聲音。

- 你聽到什麼聲音？
- 什麼聲音讓你感到寧靜？
- 什麼聲音讓你感到混亂？
- 有任何能帶來喜悅和滿意的聲音嗎？

想辦法將這些聲音融入日常生活中。例如在戶外行走時拿下耳機、播放類似的音樂伴你入睡。

6月25日

很多人對於真正的快樂
由什麼所構成有誤解。
它並非藉由自我滿足獲得，
而是對有價值的目標保持忠誠。

——海倫・凱勒
（Helen Keller）

盤點

6月26日

當深入探討喜悅的來源時，思考一下在生命中有什麼已經不再重要、可以放手的事物。喜悅可以來自於添加新物、感激所擁有，以及學會放手。盤點一下是否放掉生活中的哪個部分，可以讓你覺得更幸福、快樂和知足。

往前看

6月27日

我們已經學習探索過去喜悅的來源，珍惜當下的快樂。現在不妨望向未來，在前進的道路上會遇到怎樣的喜悅。思考以下問題：

- 在未來五到十年間，希望自己的喜悅肌肉如何發展？
- 是否一定要抵達特定的里程碑，才能開始感到快樂？
- 萬一無法達成該目標，你要如何重新調整思緒，好讓自己仍能感到喜悅？

為自己設定三個目標，一旦達成時能增加對人生的喜悅感。把它們寫下來，以便隨時回頭查看。結束今天的反省課程前，思考一下有什麼例行的練習方法，可幫助你達成那些目標。

金牌

6月28日

對於六月分有關喜悅的課程有什麼感想？如果你的喜悅肌肉已經發展好，那麼本月的課程可以提供更多練習機會。如果喜悅完全是新的觀念，那麼練習起來就是項挑戰。無論是哪一種，你都值得好好獎勵自己一下。因為對於高敏感族來說，消極的想法是根深蒂固。探討喜悅的來源並不奢華而是必要的，它是維繫身心平衡與健康的根基。

Note.

睡覺

6月29日

當睡眠被剝奪時，很難感覺愉快。這個月即將結束，今晚要做三件事，好幫助你睡一場好覺。可以參考以下例子：

- 穿上最喜歡的睡衣。
- 聆聽讓心情平靜的聲音。無論是廣播、冥想導引或者顱內高潮（ASMR）都可以。
- 沖淋或泡個熱水澡。
- 喝杯草本茶。
- 做些溫和的伸展操。
- 依偎在柔軟的毛毯或絨毛填充玩具旁。
- 點燃有鎮靜效果的蠟燭（別忘了睡前要吹熄它）。

每當感到緊迫焦慮，或者情緒崩潰時，睡前都可以進行這些儀式，好幫助入睡。

6月30日

當學會了接納自己的好與壞，我變得更強壯。

Note.

7

月

7月1日

我們居住在一個具有創造力又奇幻的宇宙。
只要懂得讚賞自然中的一切，就會變得更快樂。

——愛麗斯・華克（Alice Walker）

出去走走

7月2日

高敏感族多半喜歡置身大自然中。對於身旁這類的自然環境不妨更加留意，同時盡可能找時間親近它們。大自然能夠舒緩緊張的壓力、調節心情、讓人感到更加舒適。這個月你將學習與大自然聯結的方式。

研究發現親近大自然以及它的生物電環境，能夠改善皮質醇濃度、慢性疼痛、睡眠品質、血氧濃度、呼吸速率，以及緊迫程度。

Note.

享受戶外

7月3日

今天回想一下自己如何享受大自然。最近一次接近大自然的愉快經驗是何時的事？什麼原因讓你感到快樂？今天就讓我們反思一下與自然的關係。找出三件在大自然中感到享受的事，可以參考以下例子：

- 海浪撲打岸邊的聲音。
- 秋天落葉的顏色。
- 冬季第一場雪後的漫步。
- 每年春天茉莉花的芳香。
- 青草的觸感。

這個月就找時間重新與大自然聯結。即使七月不見得是你最喜歡的季節，但這不會影響你對它的來臨有多麼期待。

自然的噪音

7月4日

繁忙的工作經常使人與自然脫節。特別對於生活在城市裡的人，自然界發出的聲音經常被當作環境噪音而忽略掉。如果仔細聆聽這些噪音，你將能夠學習、成長，同時感覺舒適自在。每天仔細感受聆聽自然聲音是一個好的開始。

吸氣
就像大自然，我可以成長及改變。

吐氣
就像大自然，我可以癒合及寬慰。

Note.

親近水

7月5日

這星期找個時間親近水域，例如大海、溪流、湖泊或者水庫。它可以是一群人相聚的團體活動，也可以僅邀約少數好友共度。就算找不到人一起參加，和自己獨處也可以好好享受自然風光。如果居住的地方天氣炎熱，別忘了多帶點水，避免身體脫水。以下例子是親近水域時可進行的活動：

- 在水岸旁野餐。
- 釣魚。
- 游泳。
- 沿著溪流旁健行，或造訪瀑布。
- 在沙灘上進行投接球、踢足球或排球等活動。

7月6日

親近大自然時，
我感受到比自己更巨大、
更久遠、更神祕的能量。

日常生活中的自然

7月7日

如同每日常態性的生活模式，讓不時與自然巧遇也成為例行生活。偶爾抬頭看到的一片雲、人行道磚縫間長出的蒲公英、植物盆栽、經常出入的建築物旁的大樹等。為這些出現在日常生活中的自然景物拍張照，與朋友分享，張貼在社群媒體上，並寫下你有多麼喜歡它們。

在地風情

7月8日

今天就到戶外走走。如果你的行動不便，也可以觀看景色及氣候和居住地類似的戶外旅遊影片代替。特別留意自然的景色、聲音和氣味。邊散步邊思考以下問題：

- 你居住的地方有什麼樣的自然生態環境？
- 最喜歡這塊區域的什麼地方？
- 如果有人第一次造訪你居住的地方，打算推薦他一定不可錯過哪些自然環境？

因為有太多差異性，所以拿自己居住的環境和其他地方相比，有可能心生不滿。如果能專心體會及讚賞自己居住環境的獨特性，可幫助將嫉妒心轉變為知足和感謝。

國家公園

7月9日

望向大峽谷
大地一覽無遺地展現在眼前
我感覺如此渺小

岩縫間茁壯的茂盛大樹
新生命萌發自絕望之地
我感覺如此脆弱

經年累月刻鑿出的地貌
源自數世紀解凍後的冰川
我感覺如此年輕

站在岩崖，飽覽一切
聆聽不間斷的人性
我能感覺到

在自然中飲食

7月10日

本星期安排一次到大自然中用餐的體驗。可以只是很簡單地外帶些食物，到鄰近的公園裡吃；也可以精心策劃，訂下一席可以飽覽自然美景的餐廳享用。如果荷包吃緊，可以從家裡準備好食物外帶。如果時間吃緊，也可以找個景點，坐在車裡吃些點心。

有很多方法可以在不變動生活作息的情況下，用短短的時間進行一些簡單的新活動，就能帶來療癒的效果。認知自己能力的疆界，例如金錢或時間，在條件允許的情況下發揮創意，就能做些新的嘗試。

感覺的記憶

7月11日

回想一下孩提時代與大自然有關的愉快記憶。你在什麼地方？為什麼那段記憶特別愉快？那時的你有什麼感覺？現在回想起往事，又有什麼感覺？那段經驗是否對你的成長造成影響？找出當時拍下的照片，或從網路上尋找印象中該景點的模樣，今天不時讓思緒帶你回到照片中的情景，重溫置身於自然中的感覺。

Note.

抽象的感謝

7月12日

今天要向那些努力維護，或者引領協助你進入喜愛的自然環境中的人致謝。你不需要真正送出這些感謝訊息，甚至有可能不認識想感謝的這些人。先用一種虛擬的方式練習感謝，可以讓你在真正能對他們表達謝意時更為容易。可以考慮向以下這些人致謝：

- 家裡或公司的園丁。
- 公園管理員。
- 救生員。
- 都市綠化的工作人員。
- 當初引領你接觸健行、露營或者滑雪等活動的人。
- 帶你到大自然玩的父母或監護人。

7月13日

美麗的春天到來，
當自然重新展現它的美好，
人類的靈魂也跟著復甦。

——哈麗葉特・雅各布斯（Harriet Jacobs）

旋轉木馬般的色彩

7月14日

不同的生態環境和氣候有各自專屬的調色盤。從熱帶地區鮮艷飽和的色彩，到沙漠地區柔淡的色調。今天找時間注意一下在你周遭的自然環境有哪些顏色。用彩虹當範例，你有沒有辦法從生活環境中找到能呈現紅、橙、黃、綠、藍、靛、紫等顏色的景物？以它們做為主題各拍一張照片。如果找不到某些顏色，上網搜尋一下有沒有類似的圖片。

為自然上色

7月15日

還記得昨天在大自然中觀察到哪些顏色嗎？什麼顏色能讓你感覺平靜又放鬆？趕快拿出美術工具，將那些受到自然啟發的顏色展現在藝術品的創作上吧。如果需要一些提示，可以參考以下有關色彩創作的範例：

- 創作一件珠寶飾品。
- 為曼陀羅圖上色。
- 畫幅風景水彩畫。
- 為糖霜或麵糰上色，讓烘焙品更出色。
- 拍下該色系的照片。
- 為家具重新上色。
- 把同色系的衣服聚集在一起。
- 編織某件作品。

在人生不同階段，對於色彩的喜好也會有所改變。每當你想繼續將代表平靜祥和的色彩擴展到與日常生活聯結時，記得回到這項練習。

記憶的味道

7月16日

哪一種來自大自然的味道，能帶出積極正向的想法？也許是大海的味道；也許是剛割完草的青草香；松樹、忍冬、玫瑰、營火，或者是剛下過雨之後的味道。這種味道出現時，你有什麼感覺？這星期能不能找機會嗅聞它？可以是天然的大自然味道，也可以是來自芳香蠟燭或香水等人工合成味道。當這些味道出現時，會帶給你什麼樣的回憶？

Note.

有關自然的價值

7月17日

今天讓我們來反省一下與自然有關的價值看法。以下一些提示可以幫助你開始思考：

- 是否每個人都應該要接近自然？
- 個人或群體的行為會如何影響自然的健康？
- 自然如何與你精神上的信仰聯結？
- 不同文化特質（例如種族、信仰、性別、能力、社會經濟狀態、教育程度等），是否會影響你如何體驗自然？
- 是否希望某些事能有所改變，使得你更容易親近自然？

思考一下你對於自然的價值觀。現階段的人生有沒有與你的信念背馳？如果有，能不能做出改變？

7月18日

我的價值，
就在於我所存在。
如同大自然一樣。

7月19日

自然地呼吸

今天當你呼吸時，思考著所吸入的每一口氣，都是植物製造出的氧氣。而你吐的二氧化碳，能讓植物進行光合作用。你是大自然中不可或缺的一員。感受一下，你的呼吸是如何與大自然的運作聯結。

吸氣
謝謝植物幫助了我呼吸。

吐氣
我也回饋了植物，使生命生生不息。

想像自然

7月20日

今天安排十五分鐘的時間，進行導引式圖像練習。可以根據以下的提示練習，也可以自己上網搜尋聲音導引，或自然導向放鬆練習法。

閉上眼睛，將注意力放在呼吸上。

想像身處於自然界中一個舒適又祥和的地方，試著用五種感官在腦海中創造出這樣的世界。當時間結束時，慢慢地讓自覺回到現實狀態中。注意一下有什麼感覺。

融入自然已被發現能舒緩焦慮。然而並非隨時都有機會可親近自然。剛才提到的導引式圖像練習法，也具有舒解焦慮症狀的作用。

夢想中的家

7月21日

幻想一下，如果可以隨意挑選世界上任何一個自然環境居住，而且不用犧牲真實生活中已擁有的一切事物，你最想住在哪裡？那裡有怎樣的景色？全年的氣候狀況如何？坐在門前就可以看到什麼動物？

夢想中的家之所以吸引你，讓你感到心滿意足的原因是什麼？雖然這只是一場夢想，但敢於做夢能讓你距離自己的理想愈來愈近。

Note.

虛擬旅遊

7月22日

雖然大自然圍繞在我們生活周遭，然而真的要投入自然的懷抱中，可能受到居住地點、交通方式、時間或者能力等因素影響，不見得容易達成。今日或接下來幾天，找個時間讓我們待在家裡就可以四處旅行。

藉由觀看自然紀錄片，或者相關的實境秀節目，我們可以跟著影片的腳步，探訪新的環境，體驗新的生活，但是卻不用離開家門。觀看影片時留意一下，不同的自然景色能引發怎樣的感覺。也許是敬畏、驚喜、震撼、激動或者感到寧靜。告訴自己，以後只要有需要，隨時都可以進行這樣的旅行。

年中檢查

7月23日

今年已經過完一大半，日子過得有時快、有時慢，但和一月時期的自己相比，你已經變成不一樣的人。回想當初訂下的目標，一路上你不斷地修正方向，調整自己，出乎意料的改變讓你感到驚訝。請記得成長與進步的路不一定是條直線，最終還是可以完成重要的目標。

Note.

自然手札

7月24日

在自然環境中找個地方，坐下來好好思考，繼續昨天的「年中檢查」功課。用習慣的記錄手札方法回答以下問題。

「趨近目標」（approach goals）專注在朝向期望達成的結果努力。「逃避目標」（avoidance goals）的設計則是為了閃躲不希望的結果。研究指出，趨近目標能使人出現更積極的想法、情緒、自我評價，也能增進心理上的健康。

年初時我為自己訂下什麼目標？

現在對我來說，這個目標仍然重要嗎？

是	否
我要如何重新專注在該目標上？	我現在的目標是什麼？
如果追尋目標的計畫被中斷， 是什麼原因造成的？	最初的目標既然不再重要， 有沒有什麼原因讓我無法放棄它？

7月25日

在自然界中，好奇心永遠不敗。

——芙瑞雅・史塔克（Freya Stark）

學習認識自我

7月26日

你與其他人物、空間或經驗互動的過程，也能同時幫助你學習認識自己。這個月我們很努力地更加親近大自然，你從自己身上又學到哪些東西？無論喜歡或討厭，正面或負面，全部都是有意義的資訊。從自己身上學習到的事物，有可能會影響你未來的活動。

三次深呼吸

7月27日

今天找機會稍微休息一下，仰望天空。特別留意天空在早晨、中午以及傍晚的模樣，以及帶給你的感覺。如果你是早起的人，不妨觀察一下日出。如果是夜間活動的人，可以看一下日落。如果大多數時間你都得待在遠離窗戶的地方，用手機設定時間，好提醒你可以在上下班，或者上學放學的路上，抬起頭看看天空。中午用餐的時候刻意找靠窗的位置坐。或者想辦法更改自己的作息，安排更多可以外出的機會。每當抬頭仰望時，做三個深呼吸，注意一下自己的身體或心理有什麼感受。

建置於自然中

7月28日

許多高敏感族能感受大自然帶來的療癒力量。他們喜歡動物，享受戶外時光。然而對生活節奏緊湊的現代人來說，不見得有時間做自己喜歡的事。這個月如果過得很辛苦，思考一下原因是什麼。如果大自然並非你的菜，不需要強迫自己喜歡它。如果這個月你苦無時間親近自然，是否能做什麼小改變，讓它重新融入你的生活呢？

Note.

與自然共眠

7月29日

今晚或接下來幾天找個時間與大自然共眠。也許對你來說這是一種新的嘗試，如果感到陌生的話，可以參考以下例子：

- 安排一次野營活動，或直接在院子搭帳篷。
- 在戶外打個盹兒（記得做好防曬工作）。
- 播放自然的聲音伴你入睡。
- 眺望星星。
- 在海邊或池塘邊休憩。

提醒自己，即使是大自然中的萬事萬物也都需要休息。植物要休息，動物要休息，天氣、水、陽光都因為休息而受益。抱持著這種心態，繼續訓練你的「休息及放鬆」肌肉。如果莫名地覺得焦慮，不妨仔細探討一下這種感覺為何出現。別忘了休息有益健康而且是生命中不可或缺的事。

7月30日

我是自然的一部分，
我可以去玩樂、
休息、成長以及享受生命。

Note.

植物的能量

7月31日

想一想最喜愛的植物，你最欣賞它什麼地方？有什麼正向的特質？能不能將它運用在自己生活中？美是花的價值，在特定季節綻放展現出實用性，將喜悅帶給他人顯示出自己的獨特。單一植物無法與所有人分享所有事，所以多樣化就是另一種價值。無論人類或植物都是一樣的。

Note.

8

月

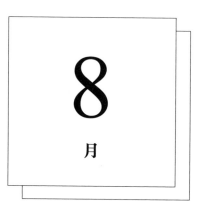

8月1日

我不斷地努力，
因為這是能成就任何有意義且恆久事情的唯一希望。

——亞瑟・艾許（Arthur Ashe）

擴展

8月2日

如同人生有需要割捨的季節，也有準備擴展的季節。這個月就要來探討發展的方法，對於一些新的事物啟程冒險。它可能是立即地改變，也可能是調整心態，為未來的目標預做準備。許多高敏感族的情感十分細膩，一旦感到有壓力或害怕時，可能會裹足不前。你是否害怕什麼事，因而不敢前進？

Note.

休息再出發

8月3日

當為了擴展預做計畫時，別忘了也要安排適當的休息，好幫助你能持續前進。看看今年剩下的日子還能不能擬定什麼休息計畫，並且確實執行它們。思考以下問題，並把它們排入行事曆中。

- 你想去哪裡？
- 哪一種活動或者地點，能讓你感到精力恢復？
- 如果有的話，想邀請哪些人同往？
- 何時覺得需要休息？

每個人的狀況不盡相同，能使用的時間和資源因人而異，不需要把別人的休閒計畫套用在自己身上，而應依照自己的條件去規劃。

佔空間

8月4日

很多高敏感族非常擔心自己的需求或期望，可能造成其他人的不舒服或不便。這種敏感情緒會讓人不自覺地縮小自己，以便維持和諧。

要知道，擴展的意思也包含了學習在目標或希望上「佔有空間」。如果這個想法會讓你感到不自在，不妨探索一下原因。

吸氣
我可以有慾望、需求以及目標。

吐氣
佔有空間是存在的一部分。

Note.

下一步

8月5日

拿出手札和一杯水。寫下你希望有所擴展的一個目標。例如學習新的技能、做一項重大的生活改變，或者自願去做某件事等。專注在這個目標上，同時思考以下事項：

- 為了實踐這個目標，接下來要怎麼做？
- 將該目標細分成數個較小的目標，直到覺得這個月有把握完成第一階段目標。
- 有什麼事情可能會妨礙你跨出下一步？

舉例來說，如果你想成為一位藝術家，那麼第一階段可能要報名私人或線上的藝術課程、閱讀相關的才藝書籍，或者拜訪一、兩位藝術家，向他們諮詢請益。

8月6日

我有權利追尋自己感興趣的事，並且努力地實踐。

包容不完美

8月7日

許多高敏感族不喜歡從事自己不熟悉的事，以至於踏入陌生領域時，感到挫敗或窘迫。當發現自己出現負面情緒時，試著把它們導向較有建設性的想法。提醒自己，失敗只不過是學習成長的一部分，你絕對有足夠的韌性包容不完美。

自信的語言

8月8日

接下來幾天，刻意安排時間來運動一下。試著把「佔有空間」的想法帶入動作中。例如走路的時候，刻意挺起胸膛，讓手臂擺動起更大的幅度，或者擺出走路有風般的戰士姿態。當身體佔據更大空間時有什麼感受？保持這個姿勢並做幾下深呼吸。姿勢對於人的自信心有提升或降低的影響，因此在未來的日子裡，可以刻意讓自己的姿勢佔據更多空間。

調整身體姿勢可以增加自信感。

二元性

8月9日

我是纖細的、敏感的
我也是勇猛的、頑強的
二者都是我

我尋求寧靜、和平
我也是激情的、積極的
二者都是我

我深切地感到哀傷、痛苦
然而極微小的喜悅也讓我大肆歡呼
二者我都感受到

我成得了大事
也為小事掙扎
二者都經歷過

我是大也是小
我是溫柔也很強悍
我很簡單
我很複雜

分享夢想

8月10日

找個時間邀請朋友、家人或伴侶一起吃頓飯。聚餐時，和對方聊聊他們現階段的目標或夢想。正在為什麼事而努力？有什麼動機？要知道，人生並非只有從學校或職場上才能獲得學習的動力。

和大家分享自己的目標和夢想，隨著時間變遷也經常有所改變。體認親友們的成長及努力，並且在他們感到沮喪時予以鼓勵。想一想他們是如何照顧自己，調整成長的腳步，以及在主要目標以外的成就。吸取別人所分享的經驗，能幫助你應用在自己的生活上。

精煉目標

8月11日

人生有了目標，能讓你將精力與時間專注在上頭，生活更有目的，同時建立社群意識。回想一個從前曾努力過的目標，無論最後有沒有完成它，有目標的生活如何幫助你成長？很少有人能完成自己所設定的最後目標，但在追尋它的路程中，人們找到機會，認識不同的人，也得到改變自己的經驗。你和你的目標在這段時間裡，都會不斷地磨合淬煉。

重新架構奮鬥

8月12日

還記不記得上一次為了達成目標，拚命奮鬥的經驗。你從那次事件中學習到什麼？

你不可能把自己從過去的困苦中分離，因為它們造就你成為獨特、謙遜、有同理心的人，它們屬於你的一部分。一個從不曾經歷失敗或奮力抗爭的人，很難擁有這些特質。

找個時間寫封信或短訊，對過去曾吃了許多苦的自己表達感謝。那些經歷為什麼很重要？因為將過去的努力經驗，重新建構成為現在的能量，能減少當再次遭遇挫折時的不適。

8月13日

如果只是站在一旁瞪著海水看，
你不可能渡過海。

——羅賓德拉納特・泰戈爾
（Rabindranath Tagore）

哀悼受限

8月14日

當知道自己擁有的時間及資源有限，不可能完成每件期待的事，很可能讓人情緒崩潰。如果你也有同感，應該要向那些悲傷和痛苦的心情致敬。可能曾經有許多想法，到最後仍無法開花結果。但你也會發現，有些事情的發展反而比預期中來得更好。提醒自己，雖然你無法掌控一切事物，但是可以持續向前走。

我要謝謝……

8月15日

找個時間拿出美術用具。假想未來有一天，你因為完成某件事而受到人們褒揚或者上台領獎。根據上述情境創作一件藝術作品。在創作的同時，不妨也想想看你要發表什麼得獎感言。你要謝謝誰？什麼原因促成了你的成功？你是如何達成最終目標？創作的類型可以參考以下範例：

- 雕塑一個獎座或獎盃。
- 寫一篇虛構的得獎故事或演說稿。
- 烘焙用來招待與會嘉賓的點心。
- 編製一段當你走向舞台時播出的音樂。
- 製作參加典禮時可穿戴的飾品。

別想當第一

8月16日

當高敏感族在和其他人追尋相同目標時，還會遇到另一個瓶頸：「但是那個人在這件事情上比我優秀太多了」。如果你追求的只是個人的嗜好、某種技能，或者在該方面你是箇中翹楚，達標時的喜悅感就瞬間減少許多。

很少人能在各領域都是佼佼者，所以不要再有最佳表演者的演出才值得期待的錯誤看法。

Note.

有價值的目標

8月17日

今天找時間到某個安靜又舒適的戶外地方坐下。思考一下你現在追尋的目標和自己的人生價值是否相符。反省這樣的問題，能讓你在迷失方向或感到沮喪時，仍能保持理性以及找到人生意義。你無法解決世上諸多巨大問題，但是讓你的日常活動與更大的人生意義聯結，能幫助你促成它的進步。

研究學者指出建立有意義的人生包含了以下三種意義。一致性（Coherence）：讓生命有意義的感覺。目標性（Purpose）：代表有核心目標、方向與宗旨。重要性（Significance）：代表人生所具備的固有價值。

8月18日

當人們都做出善的抉擇，改變就發生了。

保持自我照護

8月19日

當你因為一件新的計畫或目標感到興奮激動時，很容易亂了自己的步調，忘了休息、營養以及其他能幫助你面對挑戰的練習功課。追尋某件意義非凡或刺激的事物，並不是忽略自己的好藉口。如果一再漠視自我照護的重要性，最終只會導致你無法達成目標。

勇氣

8月20日

過去幾週不斷練習擴展的你，是否已經感到有些焦慮？月初的時候對什麼事感到害怕？現在仍提心吊膽或者比較緩解了？如果仍感到害怕，請鼓勵自己不要輕言放棄。這需要勇氣。

很多人的成長之路走得很艱苦，不斷遇到恫嚇挑戰。他們以為：「如果我感到焦慮，一定代表我做得不好。」其實感到焦慮的原因，是因為你不斷地前進，不斷遇到新的挑戰。焦慮可說是持續成長的一種訊息。

找個時間把這個月勇於面對的事項記錄下來。因為勇氣改變了你的自我知覺能力，你要如何重新認識焦慮？

舒緩壓力

8月21日

播放二十分鐘能讓心情平靜的音樂，把注意力集中在呼吸上，也可以配合做些溫和的伸展運動。

一面呼吸一面感受自己的身體。覺得疲倦嗎？需要更多關注嗎？或者覺得壓力沒有釋放掉？可以挑選一句口號或使用以下例句，在二十分鐘的練習中不斷地默唸。

吸氣
我的身體支持我度過每日挑戰。

吐氣
我一定要關注它的需求。

Note.

告訴我一個故事

8月22日

聆聽別人的人生故事十分有意義，特別是曾經在逆境中力爭上游的故事。如果你能看見他人生命展現出的強韌、力量和毅力，就更容易在自己的生命中發現它們。

選擇一些主題背景與自己相異的紀錄片、影集或者傳記，接下來的幾星期找時間好好享受它們。除了藉此認識不同的文化背景或生活歷練，也能幫助你找到與這些陌生人之間的相似聯結。

當觀看／閱讀這些故事時，思考以下問題：你覺得自己比較像誰？從中學習到什麼？有什麼事激發或改變了你？

冒名頂替症候群

8月23日

高敏感族在很多事上面都想得太多，包含人生目標。這樣的結果可能導致冒名頂替症候群，或者在很多場合覺得自己像個騙子。高敏感族可能會覺得他的同儕更有能力處理困難複雜的工作、擁有更豐富的經驗和技巧、懂得更多。想得太多是件好事，但也可能讓自己裹足不前。善意地提醒自己，搞不清楚一些事也沒什麼大不了。

準備上場

8月24日

棒球比賽中，選手可以選擇他們的出場曲，輪到上場打擊時就會播放該音樂。音樂設計的目的是為激勵士氣，同時帶動觀眾情緒，期許能交出漂亮的成績單。你會選擇什麼樣的音樂做為自己的出場曲？當音樂響起時，可以鼓舞你，讓你充滿能量，提升自信。下星期不斷地播放這首音樂，無論是起床時，參加重要會議時，或者面對棘手的事情感到緊張時。以後只要一聽到這首音樂就能讓你鼓起勇氣，充滿活力以及滿滿的自信心。

8月25日

如果只有聲音最悅耳的鳥兒在唱歌，樹林將會非常安靜。

——伊莉莎白・查爾斯（Elizabeth Charles）

消極群眾

8月26日

負面想法就像是出現在迪士尼樂園中的怪咖。他們讓人感到心煩又焦慮，顯得格格不入，破壞了整個遊玩的興致。如果你還想繼續享受愉快的時光，就千萬不可跟這些人有任何互動。你必須練習對他們視而不見，直到他們離開為止。如此一來才能和同行的朋友繼續玩樂。

目標細節

8月27日

重新回頭看八月五日寫下的手札，那時候為本月訂下的次目標，至今進度如何。

在手札中寫下你如何為達成長程目標而設定短程目標的實踐經驗。在追尋目標的途中有什麼感覺？你有儘量地擴展或佔據空間嗎？經過這段時間，你的整體目標是否改變？在設定及追尋目標的過程中，你自己有哪方面的改變？

是否達成第一階段目標？

是	否
什麼事幫助你達成它？	這次經驗帶給你什麼收穫？
哪方面做得很好？	下次你會做出怎樣的改變？

更好的我

8月28日

思考一下你想成為哪種類型的人。訂下目標同時努力前進，能讓你變得更像那個人嗎？也許你會覺得學習繪畫和成為更友善慈愛的人沒什麼關係。然而面對挫敗及不完美的經驗，可以增加你的耐性和同理心。因此一旦看到他人笨拙地學習新技巧時，就會用更包容的態度對待他。人的成長可能是極細微又間接，要認知這點同時接納它。

Note.

睡個好覺

8月29日

想想看有什麼方法，可以讓你今晚睡個好覺。發揮一下創造力並優先執行它。這個方法可以很大，好比說請人好好地為你按摩一番；也可以很小，只是在睡前喝杯花草茶而已。注意一下這個方法對於你白天的生活，以及夜裡的睡眠品質有什麼影響。

- 運動能讓你睡得更香甜嗎？什麼時間做運動或者不同類型的運動會造成不同效果嗎？
- 不同的食物會影響睡眠嗎？
- 晚上做什麼事能幫助你放鬆？
- 盯著螢幕看（看電視、手機或電腦等）會改變原本睡眠習慣嗎？

今晚就找出最適合自己，能夠促進睡眠品質的方法。

8月30日

我有權利把自己的需求
擺在第一位，
並且用最有效的方法追尋它們。

Note.

我會支持你

8月31日

今天與月初和你一起討論目標的朋友聯絡一下，關心他們的進展如何，同時讓他們知道，你會一直支持他們。高敏感族經常覺得在人際關係這方面，自己對朋友的付出總是比較多，得不到等值的回報。也許今天你也會有這樣的感覺。所以先做好心理準備面對任何可能的傷心情緒。

Note.

9

月

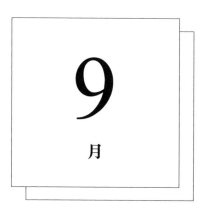

9月1日

那些能回饋家庭、社會，
最終回饋給自身的人，完全活出生命真諦，
他們更能夠了解人生障礙帶來的意義。

——蘇珊・坎恩（Susan Cain）

多方休息

9月2日

無論是回饋、建立生活意義、處理情緒，甚至僅是一天天地過日子，都會消耗掉很多精力。休息是維持效率及持續運作的基本要素。這個月你將要致力於尋找各種休息方式，用不同方法體會身心重建的感覺。

你的身體及心靈就如同工作效率良好的重要機具，一旦使用過度就可能發生當機。適當地休息才能夠執行重要任務。

Note.

和諧

9月3日

休息是一種主觀的感受，一方面讓身心感到寧靜安定，一方面要重建精神活力。今天要來探討哪些活動能帶給你重振精神的感受。先將自己所有的活動區分為三大類別：一、持續性地消耗精力；二、持續性地重振精神；三、有時消耗，有時重振。在三種類別的欄位中，列舉出不同的活動。

思考一下歸類於欄位三的諸多活動裡，做什麼樣的改變能讓重振精神的程度大於消耗。提醒自己，在屬於休息性質的活動與非休息性質的活動間，需保持一種均衡和諧的節律。從持續重振精神的欄位中，挑選出三項活動，這個月儘量優先進行它們。

瑪格麗特・艾斯（Margareta Asp）將休息定義為一種能讓你的動機、行為與感受達成和諧的體驗；而非休息（non-rest）則會破壞這種和諧感，消耗你的精力。

慢

9月4日

呼吸就像來來去去的潮水一般，吸和吐不斷地循環。身體的休息與非休息也一樣。放慢並加深呼吸速度對身體來說，就是一個準備進入休息狀態的訊號。今天每當有時間停下腳步時，就做三次深呼吸，心裡同時不斷地告訴自己：

吸氣

潮水進來前必須先退去。

吐氣

我一定要休息以便繼續工作。

Note.

水時間

9月5日

思考如何在你的感受、行動和動機之間取得平衡。今天讓我們從水之中找到這種和諧的感覺。安排一段時間，無論長短都沒關係，好好地享受與水同行。可以參考以下範例：

- 安排在早上、下午或晚上來杯喜愛的茶飲，好好享受十分鐘。
- 舒服地泡個澡，或者更長時間的淋浴。
- 去游泳。
- 開車到海邊、湖邊等水域，靜靜聆聽水的聲音。
- 畫幅水彩畫。

別忘了為自己身體補充水分的重要性。用心體會身體的感受。

9月6日

活著很辛苦，我有權利休息，從那些榨乾我的事情中恢復。

問卷調查

9月7日

用文字或語音問問身邊或社群上的朋友，當他們感到筋疲力竭時，做什麼事情能幫助復元。聊聊這個話題能讓需要休息這件事變得更正常一些。或許你還可以從中得到什麼好點子，能運用在自己生活上。有什麼回應讓你感到特別驚訝嗎？如果覺得有些方法難以接受，請記得，適合他人的休息方法並不見得也適用於自己。

休憩活動

9月8日

今天安排三十分鐘的休憩活動。並非保持靜態不動才叫休息，有些活動也能讓人感到精力恢復。想想看有哪些方法可以讓自己一邊活動，同時又能感到心靈平靜。以下是一些例子：

- 在大自然中散步或慢跑。
- 做一些溫和的伸展操。
- 隨著自己的情緒跳舞。
- 攀岩。
- 陶藝課程。
- 園藝工作。

當從事這些活動時，體會一下自己的感受與意志是否一致。如果覺得有些疲憊，請回頭看一下本月三日腦力激盪後的手札，重新選擇一項能帶給你身心得以休養的活動。

休息再前進

9月9日

我筋疲力竭地倒下
神經崩潰、力氣疲軟
感到燈枯油盡
呆坐著
腦海中不斷縈繞著這些聲音
「懶惰鬼」「無能」「自私」

突然感到一陣煦風吹來
「休息一下吧」
我頭枕著青草躺下
慢慢地感到精力恢復

準備面對下次挑戰
將那些聲音拋在腦後

我還有工作要做

一起休息

9月10日

這星期安排和朋友一塊休息。這是一種可以彼此加油打氣、互助又慷慨的行為，對於從貶低自我照護的環境中成長的人來說特別有意義。在朋友間互助關懷的協助下，找到休息及工作的平衡節律。

如果因為受限於某些原因而無法親自出席，也可以考慮在接下來的幾週內，和朋友一起在線上觀看及討論影片，相約閱讀同一本書，分享休憩活動的影片等。請記得，每個人的休息方法各有不同，敞開心門迎接各種有創意的方式。

遊戲時光

9月11日

對於孩子來說，玩耍就是一種休息的方式。想一想自己還是小孩的時候是如何休息，小學時候的你最喜歡玩什麼？某個玩具、遊戲或者玩伴？可以無拘無束地玩耍是什麼感覺？

研究指出，能力強的人始終能從幻想和創意中發覺樂趣。這能幫助他們在真實生活中追尋自己的目標。

健康的節律

9月12日

你所認識的人之中，是否有誰能在休息與工作中保持健康節律？你可能正與此人互動密切，或者是你從前認識的人。有注意到他們是如何保持節律嗎？又從中學習到什麼？

找時間寫封信或短訊，對他們表達感謝或敬意。並不需要真的將信寄出，但當你寫下這些文字時，思考一下人際關係的互惠本性。認知到他人如何在休息與工作中做規劃，在觀察並與他們互動時，也能幫助更加認識自己，以及自己想成為的人。

9月13日

跟著自然的節奏，她的祕密是耐心。

——拉爾夫・沃爾多・愛默生（Ralph Waldo Emerson）

認識焦慮

9月14日

在固定的時間和地點休息，能讓高敏感族感到比較自在。一旦休息模式和期待不同，除了感到不舒服外，還可能出現焦慮、罪惡或羞愧感。若發現自己想要休息時，會出現焦慮的感覺，請記得休息這件事也需要練習。即使覺得不習慣也沒什麼關係。然而一旦這種焦慮會讓你感到情緒崩潰或者難以忍受時，或許需要向治療師請求更多協助。

感官的創作

9月15日

今天或接下來幾天中，以休息做為主題進行一次藝術創作。當行為、意志及感受達到和諧的階段，你有怎樣的感覺？能夠用藝術創作傳達出這種感覺嗎？

多利用視覺、聽覺、味覺、觸覺和嗅覺等不同感官的刺激來幫助創作。例如點一支蠟燭、喝杯喜愛的飲料、聆聽能放鬆心情的音樂。挑選最能代表休息的顏色，用舒緩的步調進行創作。不時停下動作欣賞一下作品。要知道，感官收到的信息可以影響情緒，相反地，情緒也可以影響感官的運作。

休息歷史

9月16日

回想一下在成長過程中，家中成員對於休息和恢復有什麼看法。用一句話描述它。它讓你對於工作和休息的輪替有什麼認識？現在的你是否仍受到那句話的影響？你可以重新改寫那句話，使它更符合現在的看法。也許會發現過去的信念已被翻轉，你應該依照當前新的價值觀重新定義生活。

Note.

休息的比喻

9月17日

有些人覺得人生像是跑一場馬拉松賽，有人覺得是長程健行，或者一場旅行。比喻法能讓人用不同的角度思考事情。你覺得自己的遠程目標可以用什麼方法來形容？休息呢？

舉例來說，如果跑馬拉松，什麼時候需要在途中補給水、補充能量，或者適度休息？如果是健行，什麼時候該吃東西、欣賞風景，或者採購物資？旅行中需要睡覺，同時對於預算和時間也要好好掌控。

寫下你對於休息以及所追尋目標的比喻。每當感到受挫沮喪時，回頭看看是否該休息了。這樣的策略能幫助你抵達目的地。

9月18日

休息並非表示放棄，
休息能讓我繼續前行。

9月19日

從呼吸中休息

並非放個假或者放縱自己才叫休息。今天好好體會呼吸。利用在兩件工作的轉換交接時間，感受呼吸時空氣充滿胸膛。提醒自己放慢腳步，專注在平均且深沉的呼吸動作上。稍微休息一下，即使只有短短兩分鐘的時間。

吸氣
休息並非遙不可及。

吐氣
呼吸當中就可感受它。

感到休憩的地方

9月20日

想想看什麼地方能讓你感到平靜、專注和安詳。也許是家裡、自然環境、宗教信仰機構，甚至是餐廳。只要待在那裡能感到舒適就好。安排個時間到那個地方去。當覺得氣定神閒後，思考以下問題：

- 什麼原因讓這個地方帶來安全及舒適感？
- 這個地方讓我想起什麼事？
- 何時開始讓我覺得待在這個地方很舒服？
- 什麼原因讓我無法常來此處？
- 是否有其他環境能像此處讓我感到平靜舒適？

邀約朋友，或者帶著手札、素描簿或一本書，好好享受待在那裡的時光。

週末計畫

9月21日

假設這個週末要好好放鬆休息一下，錢、時間或者交通方法都不是問題。你想去哪裡？跟誰一起去？你想睡多長的覺？睡覺之外的其他時間要做什麼？想吃什麼食物？怎麼知道自己已經準備好該回家了？在這天結束時，想想看這段幻想的旅程能否為真實生活帶來任何靈感。

Note.

放輕鬆

9月22日

這個週末晚上準備好好看場電影，挑選一部輕鬆愉快的片子。在準備坐下好好欣賞影片前，想想看有什麼事情能讓這個夜晚過得更享受自在。

- 要先準備哪些食物或點心嗎？
- 哪張椅子或者毯子能讓你更舒服溫暖？
- 穿哪件衣服會更舒服？
- 是否可以同時敷個面膜或做個指甲？
- 點一支蠟燭如何？
- 喜歡喝哪一種飲料？

試著讓這個晚上變得比以往經驗更特別一點，然後好好坐下享受它吧。

擁抱人性

9月23日

你是否相信自己值得好好休息？為何或為何不？這個問題也許會讓某些人感到不自在。所以記得預留一些空間包容情緒反應。學習愛自己的方法也包含讓自己表現得如同一般人，需要休息、安全和健康，你和世界上所有人都無一例外。休息並不是需要爭取才能得到的事，它是天生就具備的本能需求。

計畫休息

9月24日

回頭看一下在月初時寫下關於持續性消耗精力的活動，是否其中某項即將發生？留意行事曆中下一件消耗精力活動的出現時間，以便安排適當的休息計畫幫助恢復。

舉例來說，假如每週你都會固定參加某項社交活動，雖然累人但是自己樂於出席。能不能事先在該活動之後排定休息時間？持續鍛鍊你的休息肌肉，也包含學習為休息預做規劃。與其等到自己筋疲力盡時才想到休息，更應該事先找到方法，延後或避免這種情況發生。

9月25日

快樂並非單純就是那麼一回事，
它受到心靈潮汐起落影響。

——愛麗斯・梅內爾（Alice Meynell）

刪去

9月26日

過去曾有哪些能讓你感到消除疲勞的活動，如今因為作息模式或興趣改變，已漸漸失去它的功效。如果不再能從該活動中獲得精力恢復的感覺，應該考慮是否要暫停它，另外找尋能讓你得到休憩的其他活動。未來只要有需要，你隨時可以重啟該活動。

九月回顧

9月27日

回顧一下這個月關於休息的功課，你克服了哪些挑戰？如何從中學習成長？有沒有哪些活動可以繼續沿用下去？你會如何向朋友解釋適合自己的休息模式？把這些心得用自己最喜歡的方法記錄下來。

不需要為這些心得下什麼結論，最後找出三件你在這個月學習到的事。把它們寫在便利貼上或者創作成一件藝術作品，並張貼或擺放在容易看見的地方，以便於提醒自己需要休息。

做得好

9月28日

恭喜自己在練習休息這件功課上表現得不錯。聽起來也許有些好笑，但同樣地，每天要飲食均衡、保持良好睡眠作息、規律地運動以及維持其他健康的生活習慣等，都不是容易的事。學習休息也不是簡單的事。無論大小事，只要能把事情做好都值得鼓勵。看著鏡子中的你，好好地讚美自己一下。休息需要細心經營和努力。

打個盹兒

9月29日

這個月我們探索了許多有關休息的活動。不過有時最好的休息方法就是睡覺。接下來這星期，不妨刻意在白天的時候安排兩個小時的午休時間，可以躺下來，閉上眼睛小睡一會兒。聆聽一些喜歡的音樂，關掉電腦或手機，讓腦袋放空慢慢入睡，或者做些引導式冥想。如果覺得以上方法都太無聊，也可以自行找尋其他舒適的方法。只要用心專注在休息上就好。

9月30日

如果此刻是我表定的休息時間，那麼我可以大聲地說：「很抱歉，我現在正在忙。」

10

月

10月1日

自知之明不保證能幸福，但是它擁護幸福，使你有勇氣為幸福而戰。

——西蒙・波娃（Simone De Beauvoir）

自我認知月

10月2日

本月的主題是自我認識，學習認識你自己以及發覺自己的喜好。保持好奇的態度去了解當下、過去，以及未來希望變成的模樣。善意地提醒自己，我們並非要和別人一較高下或者貶低他人，這個月的目標是培養對於自我能力的鑑賞力。

覺醒的建立

10月3日

當你被生活中永遠處理不完的瑣碎雜事所困擾時，很容易忘了自己是誰。今天找個時間來探索你明確知道關於自己是誰的三件事。它們可以是人格特質以及造就成你是誰的基本價值，把它們列在清單上。

也許你會發現自己的一些負面特質，每個人都有缺點，我們並不是要否定它們。不過今天這些負面特質並不屬於要探討的範圍中。把這份記錄自己是誰的清單貼在容易看見的地方，每當日子過得不順時就回頭看看它。

10月4日

人生經驗有好有壞，
我能從中得到關於自己是誰的
有用資訊。

Note.

幽默感

10月5日

今天來想想看什麼事情會引你發笑，幽默如何讓生活變得更好。思考以下事項：

- 最近一次哈哈大笑是什麼時候的事？
- 你比較喜歡哪種類型的幽默？
- 從哪裡可以找到你喜歡的幽默？
- 別人如何形容你的笑聲？
- 你想和什麼人一起歡笑？

找個時間，自己一人或邀請朋友一起觀看電影、脫口秀、即興表演，或者情境喜劇。也可以在簡訊或社群媒體上分享加了哏圖或有趣影片的文字。

善意地提醒你要多補充水分，現在就為自己倒杯水，冰的或熱的隨心情選擇。

不一樣就是美

10月6日

成長過程中，許多高敏感族會覺得自己與同伴不一樣。因為文化差異，有些人會為自己的不同感到驕傲，有些人則感到羞愧。今天來想一下，生為高敏感族的你和其他人有什麼不同，肯定自己獨特的價值，而不是貶低它。

吸氣
讓我與別人不同的地方也造就了我的美。

吐氣
我要擁抱我的美。

表達感激

10月7日

每個人表達愛與感激的方法都不相同。如果你沒有仔細觀察不同溝通模式的差異，可能會導致誤會發生。今天找時間思考下述問題：

- 你如何向他人表達感激？
- 這種態度會因人而異嗎？為什麼會這樣？
- 他人要如何有效地向你表達謝意？

在人際關係中，能夠表達如何給予以及接受愛，是一項非常珍貴的技巧。

試試看

10月8日

嘗試新鮮事對高敏感族來說，可能是件可怕的經驗。想想看有沒有覺得哪種活動很有吸引力，只不過你對它幾乎沒什麼經驗。這星期就來試試看吧。如果感到有些焦慮的話，問問自己需要哪方面的協助來處理這種情緒。若真的無論如何都不敢放手嘗試，也可以在旁觀看，並學習該活動的遊戲規則。

想想看你喜歡以及不喜歡這項新活動的哪個部分。例如：

- 舞蹈課。
- 開始使用五公里慢跑／健走的應用程式。
- 在健身中心學習攀岩。
- 溜直排輪或冰刀。
- 呼啦圈。
- 跳繩。
- 參加業餘運動團隊。

還是我

10月9日

每天望著鏡子
我還是我
但又有些不同

那個年輕的孩子上哪兒去了
睜大了眼，滿臉疑惑
興奮的，頑皮的

來自未來的我
似乎還留有孩提時期的一絲痕跡
影子也相似

稚氣臉龐的雀斑變成了深陷的皺紋
好像變了
好像沒變

不可能讓時光永遠停滯在此時此刻
今日的訪客
已漸漸融為一體

客製化餐飲

10月10日

高敏感族經常深受食物所影響。強化自己選擇食物的能力，好攝取對身體最有幫助的種類。今天好好想一想不同的食物如何影響自己的感受。

- 鹽。
- 糖。
- 咖啡。
- 各種蔬菜。
- 不同的水果。
- 炸物。
- 肉類。
- 穀類。
- 加工食品。
- 豆類。
- 麵包。
- 海鮮。

把對身心最有益處的食物，十分享受但沒什麼幫助的食物，以及最好避免的食物等種類列在一張清單上。如果可以選擇的食物內容太少，不妨向營養學家諮詢一下，好確保你能從飲食中獲得足夠營養（包含足夠的蛋白質、維生素、礦物質、健康的脂肪等）。

從成長中學習

10月11日

每個人經歷過的痛苦經驗都不相同。回想一段自己過去曾經低潮痛苦的日子，你有因而從中學習到關於自己什麼事嗎？你是如何成長？

不斷地處理自己的情緒，終於從痛苦的深淵走出來，那段過往一定會讓你變得比從前更有同理心、人性、毅力、能量以及智慧。如果現在的你仍深陷痛苦的泥沼中，想想看當自己走出來時，能得到哪方面的成長。

Note.

遊戲開始

10月12日

這星期來想想看關於玩遊戲這個活動，以及如何根據自己的喜好去客製一款遊戲。你喜歡玩哪種類型的遊戲？為什麼喜歡？喜歡手機、遊戲機、棋盤、文字，或者紙牌遊戲？你喜歡單打獨鬥還是團隊合作？喜歡角色扮演還是彼此競爭？你擅長邏輯推理、創造性或者需要技巧的遊戲？喜歡能夠達成最終目標，或者開放式劇情的遊戲？

無論是傳統遊戲或者現代的電動玩具，都已發現能讓玩家的認知、動機、情感以及社會化更加豐富。

10月13日

唯有當你能夠察看自己內心，
視野才會變得清晰。
向外看的人在夢中；
洞察自己的人才是清醒。

——卡爾・榮格（Carl Jung）

不流行

10月14日

在現今社群媒體流行的年代，希望能以大家喜愛的樣貌呈現自己，對很多人造成了更大壓力。想想看你希望展現出的自我，與別人喜歡或期待的樣子是否不同，因而讓你感到焦慮。

是否跟上某些流行腳步讓你倍感壓力？找出一件自己喜歡，但卻跟不上流行的事，好好享受做你自己。

滿意的自拍

10月15日

在不需要迎合大眾口味的前提下，你多久會替自己拍一張照片？似乎只有跟得上流行趨勢的自拍照，大家才會張貼在社群平台上。接下來一週，不妨試試每天為自己拍張自拍照。不需要公開它們，自我保留就好。一週結束後問問自己以下問題：

- 你喜不喜歡自己的外貌？
- 哪一張照片最能呈現你的人格特質？
- 什麼方法能讓你感到有自信？
- 哪一套衣服穿起來最好看？
- 為什麼沒辦法好好欣賞自己的照片？

保持替自己拍照的練習，並且要對自己的外貌愈來愈滿意。

認同感

10月16日

想像你是自己的一位朋友，要在一場宴會中向大家介紹你這個人。你會如何介紹自己？你的自我認同感從何而來？對自己什麼地方感到驕傲？有什麼特色？最近有什麼興趣嗜好？

這項練習能讓你認知自己迷人的特質，同時學習如何與他人展開對話。職業或者工作這類的話題很有趣，但萬一對方正好失業，對於自己的工作感到不滿意，或者不喜歡和別人討論自己的工作，該話題反而可能讓人嫌惡。

Note.

多重角色

10月17日

一個人在不同領域可能具有不同的身分。對於高敏感族來說，角色之間的轉換或者對於自我表現的期盼都會消耗大量精力。找一個自己喜愛的地方，仔細思考該如何定位自己的不同身分。可根據以下類別開始探索：

- 種族和民族背景。
- 體型。
- 能力狀態。
- 年齡。
- 宗教信仰。
- 嗜好。
- 職業及工作。
- 社會經濟狀態。
- 來自鄉下或者城市。
- 政治傾向。
- 性別認同。
- 性取向。
- 教育程度。
- 家中角色。
- 人際關係狀態。

別人對你的期許，或者該角色的產生是否出於自願，是否引人注目，會如何影響你對該身分的體認？這些不同的身分為你帶來好處或壞處？最後，你希望有哪些對於你所扮演角色的外來期許能夠消失不見？

10月18日

我可以喜歡獨處，我可以喜愛自己。

進行中

10月19日

認知自己有那麼多不同的身分可能會造成情緒壓力。期許扮演好每個角色的結果，可能會覺得自己什麼都做得不夠好。溫柔地提醒自己，成長只不過是人生的過程，而非終點。你的價值並不在於你的身分，或者成就了什麼事。

吸氣
關於「我是誰」仍在進行中。

吐氣
我足夠優秀。

Note.

自我描述

10月20日

你已經了解關於自己的不同身分，今天或這星期找個時間，用藝術創作展現它們。基於策略或健康因素等考量，在某些特定場合或者特定人群中，你可能會刻意不讓別人發現該身分。藉由這次練習，不妨特別彰顯這些較少被關注的身分。以下例子可做為創作參考：

- 蝶古巴特撕貼畫。
- 寫一首詩。
- 演奏或編寫樂曲來呈現自己不同面向。
- 辦一個攝影展。
- 做一道融合各種角色的料理。
- 嘗試不同風格的化妝方式。

如果不會感到不自在，可以用短訊或在社群平台上和朋友分享你的藝術作品。

簡單地改變

10月21日

如果可以改變和自己相關的某件事，它會是什麼？你的容貌、過去某段經驗，或者某種特質？改變之後你的人生會有什麼不同？會有什麼壞處？你可能變成什麼樣的人？雖然在真實人生想發生這樣的改變並沒那麼簡單，你不需要因而感到悲傷，因為這樣的體認能幫助你成長。

Note.

類似的故事

10月22日

依據你的某一項特徵，去挑選故事主題能呈現相似特徵的影片觀看。假如你是單親媽媽，那麼可以看美國電視劇《吉爾莫女孩》。如果很早就踏入職場，可以看韓國電視劇《未生》。如果從小生長在物資貧乏或者飽受霸凌的環境，可以看電影《玻璃城堡》。

當閱讀或觀看這些故事時，想想看自己與劇中人物有什麼相似之處。什麼情節會引起你的共鳴？彼此之間有什麼不相同的地方？劇中人物是如何成長或改變？你又能從他們身上學習到什麼事？或者他們能從你的故事中學習到什麼事？

眼淚

10月23日

什麼原因會讓你哭泣？

落淚可以表達強烈的感受，也是調節情緒的一種方法。回顧一下在你的生命中，眼淚具有什麼功用。什麼時候流淚有幫助，何時又無濟於事？你是否經常強忍著眼淚不願哭泣？

當覺得需要哭泣時，應該為它預留情緒宣洩的空間。除此之外，也可以想想有哪些喜樂或美麗的事物會觸發你的眼淚。

將藝術帶入生活

10月24日

我們周遭處處可見藝術作品。它可能是具有創意又有設計感的建築物、多重風味組合而成的食物、畫面華麗的電玩遊戲、精心布置的舞台、時尚流行的設計及展示，還有其他更多的創作。也許你比較喜歡博物館中展出的藝術作品，但除了那些油畫或雕塑品之外，你還喜歡哪些類型的藝術？自己動手創作和直接消費享受的藝術品可能有些不同。縮小能帶來喜悅的藝術範圍，這星期安排一下以消費者的立場感受藝術。

謝謝我

10月25日

今天想一下你做了什麼值得自我感謝的事。問問自己：「最近我有沒有當自己的好朋友？」任何事情你只要預先規劃，做完許多家務事，有好好吃飯，有保持運動，或者好好處理自己的情緒，以上都是善待自己的表現。你要如何對自己表達感謝？例如寫一則溫暖的感謝字條給自己、買一個小禮物，或者今晚做一些能讓自己感到放鬆的活動。

Note.

自我反思

10月26日

規劃自我反思的時間對高敏感族來說十分重要。它能夠幫助調適情緒上以及心理上的壓力。你會怎麼安排自我反思的時間？用什麼方法能幫助你把這個課程規律地排入日常生活中？反思的時候，喜歡待在安靜不受打擾的地方，或者走出戶外隨意做些什麼事？需要用筆寫下，或者說出來好幫助思考？今天就找時間想一想這段日子自己是如何成長，正在面對什麼挑戰，或者已經學習到哪些功課。

花時間在自我反思上，已經被證實能讓你對於自己的思想、行為以及情緒有更清楚的認識，同時也能增強洞察他人想法的能力。

10月27日

幸福並非是所擁有的財物，
它是一種思想狀態，一種心境。

——達夫妮‧杜莫里哀
（Daphne Du Maurier）

社會角色

10月28日

忙碌的一天又要結束了，想一想你在社團、社區或者社會中，一般來說是擔任怎樣的角色。這樣的身分或角色會隨著時間改變而異動，但認知自己是整個群體中的一分子，能讓你感到踏實且平靜。人類是群居的動物，如果每個人都一模一樣，具備相同的技巧，將會對群體造成傷害。高敏感族在社會上會擔任哪種角色？

十月手札

10月29日

今晚在準備就寢前，利用三十分鐘的時間整理一下這個月你學習到哪些事情。思考以下問題，同時用能快速整理思緒的子彈筆記法，或者意識流技巧將它們記錄下來。

- 三件你知道必定為真的事。
- 在你的缺點下被隱藏的美。
- 什麼事讓你笑，讓你哭。
- 你施予和接受愛的方法。
- 食物或運動對你的影響。
- 和強壯有關的個人特質。
- 喜歡的遊戲和藝術。
- 喜歡自己的哪些外貌。
- 顯著突出的個性。
- 你如何努力成長。
- 想感謝自己什麼事。

記得每年都要重複這些練習，以便了解自己在這段時間發生了哪些改變。

10月30日

我就像條溪流，看起來一樣，但始終在變化。

不同的鞋子

10月31日

如果可以讓你有一整天的時間變成其他人，無論是真實或虛構的人都可以，你想變成誰？哪方面的性格或特質讓你想變成他們？他們和你有什麼相同或相異之處？那些特質是否會展現和原本的你完全不一樣的地方？或者表現出你不想讓別人知道的那部分？

11

月

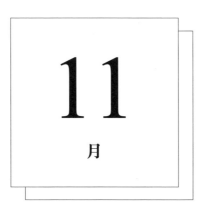

11月1日

學習愛自己讓我感到快樂又有自信，
珍惜周遭的朋友讓我更真誠地維繫人際關係。

——BTS金碩珍（Kim Seok Jin）

建立感謝肌肉

11月2日

十一月要專注在感激與表達感謝。感謝的肌肉需要不斷地訓練，如果不常使用就會變得愈來愈生疏。對自己以及他人表達感謝具有相互影響的關係，就如同活動關節的拮抗肌群一樣，一旦鍛鍊好某一方肌肉群，另一方就更容易建立。如果只發展單方的肌肉群，會讓關節無法正常運作及疼痛。這個月將要練習讓向內及對外的感謝保持協調均衡。

Note.

受他人改變

11月3日

向三位在你生命中佔有一席之地的人表達感謝，無論他們出現在此時或者你的過去。在他們的名字後頭，寫下一、兩句話好描述他們在你心中的地位，以及想致謝的原因。

接下來想一想，自從認識他們後，你出現什麼樣的改變。他們教導你什麼事或提供哪些幫助？最後可以考慮讓所感謝的人收到以上全部或部分訊息。向自己的好友，或者在社群平台上分享這份感謝之心。表達感謝具有傳染性。也許只是一個小小的舉動，卻可能大大地影響了他人的生命，即便你根本不認識那個人。

生命的冒險

11月4日

沒有人希望變老。隨著經驗與機會流逝，你愈來愈能明白自己不可能辦到所有事。想想看人生現階段的成就，以及活到這把年紀才能享受的某些事，提醒自己，老化正是生命旅程中的一場冒險。在為失去的過去覺得感傷之餘，也可以期待未來即將發生的事。

吸氣

隨著年齡增長，我得到更多新的經驗。

吐氣

感謝過去的每一年。

Note.

水資源

11月5日

今天當你為自己補充水分時，思考一下這些乾淨的水來自於大自然中的何處。如果你曾經有生活在苦無清潔用水環境的經驗，對於水資源一定懷有更大的感恩之心。你有可以選擇冷熱水的飲用、清洗或者烹煮的自由嗎？擁有自由的選擇權利是多麼不可思議呀！

今天任何用水的時候，請特別對那些讓你有水可使用的人士表達感謝。例如科學家、技術員、建築師、工程人員、政治家，以及政府相關部門人員等等。如果在上完廁所沖馬桶、使用洗碗機、洗衣機等會消耗水的時刻，心裡出現一絲罪惡感，請把這種情緒轉換成衷心感謝，這樣會讓你面對水資源時更謙遜，也更有責任感。

11月6日

我能夠專注於
感謝及享受我所擁有的一切。

我的群組

11月7日

想想看自己參加了哪些群組。它們可能是宗教團體、粉絲群、有共通興趣嗜好的群體、互助會、專業的工作群組、家庭群組或者社區型群組。有幸成為該群組中的一分子，使你的人生變得更有意義，為此獻上感謝。參與該團體是如何充實了你的生活？你對團體又有哪方面的貢獻？

感謝物品

11月8日

你想謝謝自己所擁有的哪一件物品？也許是一件實用的東西，也許純粹只是讓你感到人生更美好的裝飾品。現今的消費者文化，使得擁有某物品所帶來的快樂或知足感愈來愈短暫。東西很快就會變舊、破損，不再讓人感興趣。找出一件讓你的生活一天比一天改善的物品，幫它拍張照片吧，再寫一張字條提醒自己，擁有該物是多麼幸運的事。

Note.

從感激出發

11月9日

我哀慟地坐著
為生活應該要
更強壯、更富有、更受歡迎
守夜

祈盼從容地過日子
知道這不可能實現
死亡仍然降臨
關係依舊痛苦
關於輕鬆、健康、完美的幻想

總是從身旁疾馳而過
吶喊著要我同樂
假裝沒有痛苦的生命的確存在
分散我對愛

希望、真實、困難的注意力
它能被找到
它從我心裡出發

食物的記憶

11月10日

回憶一段你一直銘記在心的旅行、慶典、假期或者某次偶遇。為什麼那次經驗那麼難忘？有誰跟你在一起？那時你有什麼特別的感受？什麼食物會讓你想起那段回憶？

今天或明天再吃一次能讓你想起那段時光的食物。也許是第一次到夏威夷旅行時吃到的午餐肉飯糰；也許是將你帶回學生時代的冷凍披薩；或者是孩提時代，每逢節慶家裡必吃的菜餚。安排一下讓自己獨享這份餐點，並且對曾經的特殊回憶表達感念。

Note.

做好工作

11月11日

想想看身體各部位都正常運作著，即使某些器官有慢性健康問題，但其餘部位仍各司其職，努力地盡好自己本分。應該向身體各部位的良好表現致謝：

- 謝謝你的腿，讓你能四處行走。
- 消化系統將營養分送到每一個細胞。
- 背脊讓身體保持直立。
- 手讓你能打字、拿東西，以及擁抱。
- 脖子讓你能四處張望。
- 下顎幫你說話、吃東西。
- 頭腦讓你能思考。

Note.

歡迎光臨

11月12日

心裡想著某一家公司、餐廳、商店或者機構，他們所提供的服務或商品讓你感到滿意，或者你認同他們的理念。最好是地區性、規模不大的商家。

在社群媒體上為他們按個讚，或者在群組中分享他們的資訊。如果覺得哪位朋友也會喜歡他們的產品或服務，可以發封電子郵件告知這個訊息。讓大家知道你為什麼喜歡該商家，以及朋友可能也會喜歡的原因。最後再問問大家，是否也願意分享近期覺得不錯的店家。

當你將自己所欣賞及推薦的資訊傳達出去時，感激之心也散布開來了。

11月13日

喜悅隱藏在悲傷中，反之亦然。
如果我們竭盡所能以避免悲傷，
也將永無品嘗喜悅的機會。
如果我們節制狂歡，悲痛欲絕也不會找上門。

——亨利・諾文
（Henri Nouwen）

感謝痛苦

11月14日

抱持感恩的心並非意味著要漠視傷痛的情緒，而是要用更包容的態度面對正面與負面的情緒。當你經歷煎熬痛苦的時刻，試著認知自己的痛苦、難過、氣憤和傷害，同時謝謝它們。練習同時接納兩者。你應該這樣想：「我感覺到（填入負面情緒），但是我想謝謝（填入某項物品，某個人或某段經驗）。」如果傷痛的情緒劇烈到無法平衡認知與感謝，請容許自己先暫停練習，也許幾天過後再回頭嘗試一次。

有創意的感謝

11月15日

對於一位特別的人、群體、地點或者大自然的某部分，用更有創意的方法向他們表達感謝之心。參考以下範例，也許可以激發出更多表示謝謝的新創意。

- 製作一份音樂播放清單並與朋友分享。
- 為喜愛的景色繪製一幅風景畫。
- 為他們做頓飯。
- 設計一張實體或數位的感謝卡片。
- 為自己喜歡的音樂或舞蹈團體拍攝一段致敬影片。
- 製作一件珠寶飾品做為禮物送給別人。
- 設計一件T恤好紀念特殊機遇。
- 做一張匿名明信片寄到PostSecret.com。

謝謝昨日之我

11月16日

回想過去的你，包含你所有缺點和不完美之處。找出一件事來謝謝過去的自己。可以只是一件普通的小事，例如「謝謝我昨晚把水槽裡的碗洗乾淨，讓我今早一起床就有個乾淨的廚房可用」。也可以是一件大事，例如「謝謝從前的我沒有中斷學業，讓現在的我得到夢寐以求的工作機會」。感謝過去自己的付出，讓現在的你受益不少。

Note.

漫步在感謝中

11月17日

今天花十五分鐘到外頭走走，同時思考生命中的不同部分，你所擁有的任何事物都值得感謝。一旦心思被其他事物打斷，像是想起今天的工作，還要面對那些挑戰，或者煩惱其他雜事時，記得重新將注意力拉回到要感謝的事項中。

想一想家裡有哪些日常用品讓生活變得更為便利，你天天使用卻從未重視它們的存在。生命中還有許多人，許多活動的存在都被你視為理所當然。也許你覺得人生並不完美也不輕鬆，但它畢竟就是你的人生。學習感激一定能讓生活變得更好。

11月18日

感謝不等同於自滿。

我可以表達謝意但仍努力進步。

呼吸出感謝

11月19日

繼續今天的呼吸練習。胸膛不經意地升降起伏就是你仍然活著，能夠與世界聯結的關鍵。將手掌放在胸口，做五下深呼吸。感覺吐氣時肩膀距離耳垂愈來愈遠。

吸氣

感謝我的呼吸。

吐氣

每吐納一口氣，都能讓我繼續前行。

居住區域

11月20日

環顧一下自己居住的地方，找一件你覺得有它真好的物件，替它拍張照片，記錄一段心得並分享在社群媒體上。試著從生活的環境中找到讓自己感到高興的事物，以及思考這個地方如何影響你成長。

很多人對於自己生活的地方感到厭倦，希望能搬到其他地方居住。事實上每個地方都有獨特和美好之處。如果你也覺得愈來愈不喜歡自己的生活區域，或許專注在這些自己喜歡的事物上能稍微感到安慰。當某天離開這裡時，也會深深地懷念它們。

談談自己

11月21日

假想再過一陣子後你要為自己辦一場宴會。朋友前來共同慶祝並分享你的故事。他們最欣賞什麼事？會怎麼描述你？哪些事情會讓他們銘記在心？日復一日的生活中，許多對人生的期望與目標容易被消磨殆盡。這樣的練習能幫助你重新專注於最初訂下的人生目標與價值。

Note.

藝術的撫慰

11月22日

藝術能幫助處理痛苦複雜的情緒。無論經由感受、視覺或聽覺，不同的藝術作品都可帶來撫慰。它們能教導我們，擴展理解能力以及表現得更有涵養。想一想有哪部電影、專輯或者影音媒體，曾幫助你度過生命中的艱困時光。

為感念這些藝術作品，這幾天找時間重新觀賞或聆聽它們。回想當初它是如何撫慰了你，並且對創作出該藝術作品的團隊致上謝意。可以在社群平台上與其他朋友分享它，註記它是如何幫助自己，也歡迎其他人共同來體驗。也許你還能從別人的分享中找到更多藝術創作可欣賞。

此刻就是未來

11月23日

你最常使用哪一種科技產品？由於科技發展日新月異，以至於很多時候人們會忘了它們曾經多麼神奇風光過。回想一下十到十五年前的科技產品和現在有什麼不同。每種發明或改變多少都會有不好的一面，不過現在只要思考它們為生活帶來的好處。科技發展是否造福了你的工作、人際關係、居家生活或者休閒嗜好？為這些人類文明史上的創新發明致上謝意。

Note.

深度感受

11月24日

今天選個安靜的地方來省思一下。撇除雜念，讓思緒安定下來，找一種方法讓自己能專注在五種感官上（例如點一支安定心神的蠟燭、口中含一顆硬糖、寧靜的照片、慵懶的音樂，或者柔軟的布料等）。之後思考一下身為高敏感族，你要如何增強對生活的體認能力。

一旦心神平靜下來，高敏感族的感官能夠比其他人接收到更細膩的訊息。仔細地體會當中樞神經系統得到舒緩後，你的視覺、觸覺、味覺、聽覺和嗅覺的感受。保持所有感官的敏銳度，在接下來的時間裡，探索周遭能讓你感到平靜撫慰的事物，並將它們導入日常生活中。

道德影響

11月25日

你是從哪裡養成自己的道德感？哪些人或機構幫助你了解生命的意義、如何待人接物、分辨是非善惡？今天好好想一想所有影響你道德理念的人事物，並且對他們表示感謝。這段日子以來，你的人生發生哪方面的改變？哪些重要的經驗或對話造就了你的發展？

練習感恩

11月26日

當即將步入十二月前，思考一下你對於本月的感恩練習有什麼想法。覺得困難嗎？對什麼事情感到訝異？從中又學習到什麼？用前瞻性的思考模式，同時保持感謝的心，你為這個練習設定了什麼目標？

找出與感恩練習有關的三項目標，以及它們在你生命中扮演的角色。把它們寫在紙上，並且張貼在容易看見的地方。提醒自己感謝的肌肉需要經常鍛鍊。不妨在手札中留下個塗鴉或者哏圖，以防自己忘了這項練習。

11月27日

我依然思念那些已離去的所愛之人。
但因為曾經愛過，我深表感激。
感恩的心讓我克服了失去的傷痛。

——麗塔・梅・布朗
（Rita Mae Brown）

11月28日

慶祝成長

找個時間回想一下你在這個月中的努力和成長。有哪些事情你做得很好？將這個月所遇到的挑戰，以及你如何克服它們，寫成一句感謝自己的話。別忘了在結尾要鼓勵自己一下。可以參考以下例句：「謝謝你做了＿＿＿＿＿，我知道這件事很困難，因為＿＿＿＿＿，我對你的＿＿＿＿＿感到驕傲。」

感恩的就寢時間

11月29日

準備上床睡覺的前一個小時，先換上乾淨的床單，再好好洗個熱水澡。比平時提早半小時上床，拿一本喜愛的書，然後鑽進舒適的毛毯中。把自己安頓好，感受被窩的溫暖。做幾個深呼吸，打開書本，好好享受閱讀時光。

提醒自己，只要有乾淨舒服的床，或者洗個熱水澡這類平凡的小事，就可以讓你知足感恩。將燈光調整到溫和不刺眼的亮度，但又足夠讓你看清楚書裡的字。

心中常懷感激已被發現能讓睡眠品質變得更好，睡得更安穩。它也能減少白天工作效率不彰的機會。

11月30日

雖然我無法擁有全部，
但我珍惜所有。

Note.

12

月

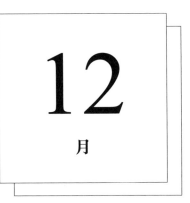

12月1日

進步的過程既不快速也不容易。

——瑪麗・居里（Marie Curie）

年度反省

12月2日

今年即將進入尾聲。這個月要來反省過去，並且為將來預做準備。之前每個月的功課都依照相似的節奏和方法在進行，你可以考慮未來繼續練習下去。想想看現在的你和一年前有什麼改變，克服了哪些挑戰，又有哪些成就。這個月將會更深入地探討這些話題。

精采畫面

12月3日

回顧過去一年，有哪三件事最讓你引以為傲？可能是某個突發事件的應變方法、達成某項遠程目標、精進了某項技能。我們不可能記得每天發生過的事物，但是對於特別的經驗一定難以忘懷。

把過去一年的生活點滴攤在眼前，好好回想一下經歷了哪些事情。除了三件感到驕傲的事之外，你曾經面對了哪三件挑戰？如何處理它們？把這些精采畫面以及從中學習到的事都記錄下來。

遇見需求

12月4日

每個月這本書都會提醒你要調整自己的腳步與期望。這一年在放慢步伐的功課上，你做得如何？生活步調有變得更平衡嗎？學會接受自己與他人的不同嗎？對於高敏感族來說，它們都是一輩子的功課。

吸氣

在能夠達到我的需求前，我必須學習傾聽它們。

吐氣

一旦我知道自己的需求，就能夠回應它們。

Note.

喝水

12月5日

過去這一年你和水的關係有什麼進展？有記得要經常喝水嗎？哪一種策略幫助你達到這個目標？如果還沒養成習慣，問題又出在哪裡呢？水和氧氣都是生命賴以存活的基本物質，所以一定要養成為身體和生命補充水分的規律日常習慣。

把你在今年讓自己多喝水的方式寫下來。明年還有沒有其他改善目標？如果已經養成良好的生活習慣，不再需要提醒多喝水，那麼應該給自己一個讚美，同時喝一杯水做為獎勵。如果多喝水仍然是你需努力追尋的目標，那麼也該鼓勵自己一下，趕快為自己倒杯水吧。

12月6日

當建立好生活節奏，我也建立起能滿足自己需求的信心。

總是改變

12月7日

你在這一年中或多或少都已經有所改變，原本比較內向或外向的個性也變得不一樣了嗎？當社交活動變得比較多或比較少時，你的感受是否也有不同？內向或外向的個性各有優缺點，你對來年自己的社交態度有什麼目標？要如何面對挑戰？

運動目標

12月8日

你今年的運動計畫執行成效如何？很有可能在年初訂下的目標隨著時間推移而改變。今天先進行至少十五分鐘，不會讓身體感覺排斥的運動。在做動作時，思考一下你和運動的關係，以及有什麼原因讓你無法保持規律的運動習慣。

- 當保持規律的運動習慣時，有什麼感受？
- 如果不能規律地運動，什麼原因妨礙了你？
- 如果要為明年設定新的目標，什麼樣的內容比較有機會達成？
- 能否不要等到明年一月，現在就開始執行新目標？

兩者之間

12月9日

靴子從腳上滑落
坐下休息
回望著走過的來時路
凝視著前方

讓腳浸入
晶瑩透澈的水中
我的腿、身體得到休憩
思緒盤旋著

路難行
時常孤寂
美無止境
考驗也無盡頭

過去與未來之間
會存在什麼
只有此刻
感到自由

節制

12月10日

十二月是充滿節慶和聚會的月分，也會出現許多美味的食物及點心。或許你已計畫明年就開始讓自己吃得更營養均衡，讓體態變得更健康。好心地提醒一下，你不需要等到明年再開始好好照顧自己的身體。

當你這個月不忌口地放縱飲食時，身體有什麼感受？怎麼做才能讓你覺得處於最佳狀態？回想這一年曾學習過不同食物對身體影響的功課，能不能只縱容自己吃那些能讓身體感受良好的食物，節制感覺沒那麼好的食物？罪惡感對你來說沒什麼幫助，應該要思考怎麼吃才對健康有益。

里程碑

12月11日

回想過去一年中，你已達成的某項目標。任何目標都不嫌小。當認知自己做得到的時候，心裡有什麼感受？和年初剛開始練習自我照護計畫時期相比，是否對自己愈來愈有信心？未來當你回顧今年的心路歷程，請讓這段回憶做為一個里程碑。它代表著你具有能專注於設定目標，同時努力實踐的能力。

Note.

感謝的字條

12月12日

想想看這一年是否有誰曾經幫助你克服了某個挑戰；有誰用了什麼特別的方法鼓勵你；當你陷入困境中，適時地出現且拉了你一把；或者曾做出讓你難以忘懷的事。今天找時間坐下來，寫一則向他們表達感謝的訊息。

也許你和那個人根本不熟，而他意外地出現而且幫了你一個大忙。甚至你完全不認識那個人，只是剛好從社群媒體上看到他的留言，在你心中引起極大的共鳴。讓這些人知道因為他們的出現、曾說過的話，或者某項行為大大地改善了你今年的生活。

12月13日

當人停止比較，真相才變得明顯。
只有在完全沒有比較的情況下，
才能真實地體驗靜謐的人生。

——布魯斯・李（Bruce Lee）

季節情緒變化

12月14日

回想你在過去十二個月裡的情緒反應。不同月分或不同季節中最常出現哪一些情緒？你有足夠的時間或空間來消化它們嗎？或者覺得還有很多情緒沒辦法釋懷，需要更多空間來處理它們？是否有什麼事需要得到他人協助才能解決？像是朋友、家人、牧師等宗教人員，或者治療師。除了負面情緒外，如果有正面積極的想法，也請珍視它們。

年度藝術

12月15日

又到了藝術活動時間。拿出你最喜歡的美術用品，開始想一想要如何創造象徵過去一年的作品。你可以把這一年間許多難忘的事件或情緒串聯在一起，做為創作的主題；或者特別突顯某單一重大事件、經驗或情緒。你打算如何經由藝術創作來展現過去這一年呢？

- 為每個月挑選具有代表性的一、兩首歌曲，再組成一張專輯。
- 選取多張照片製作成一幅拼貼畫。
- 素描、繪畫或雕塑。
- 料理或烘焙能代表一整年喜樂的食物。
- 將所有精采時刻剪輯成一段影片。
- 用能代表每個月的小方格布，縫製成一塊拼布被子。

激勵

12月16日

回想一句你在今年收到的鼓勵話語。它可能是你對自己的勉勵、從哪裡看到的佳句，或者針對自己所發表的聲明。這句話是為了鼓勵什麼事情？對現在的你來說依然有作用嗎？今日一整天不妨好好思考這件事。

按照以下的聲明格式，寫下一句能激勵自己的話，然後把它張貼在容易看到的地方：「從（年分）開始，我會永遠記得這段鼓勵話語：＿＿＿＿＿＿。」

Note.

榮耀的人生

12月17日

大多數高敏感族都具有強烈的道德觀與良知，無論行事或做決定都以此做為標準。回想過去一年，是否有時候會覺得別人對你不諒解？當下你有什麼感受？每當你想起這類事情時，會出現哪些情緒反應？

有時候高敏感族的行為的確可能不受人歡迎，在工作上或家庭生活中彷彿都和其他人不同調，因而也產生了複雜的焦慮情緒。做出困難的決定是高尚且值得讚許的表現，你應該對自己的行為感到榮耀。要記得為可能同時出現的悲傷或焦慮等情緒預留處理空間。

12月18日

我是自己最佳的辯護者，沒有任何人更有資格為我發聲。

釋放

12月19日

我們每個月都不斷地練習體會自己的呼吸、緊張的情緒和壓力。你對這些練習有何感想？現在已經學會放慢生活步調，放鬆身體緊繃的肌肉，同時變得更專注嗎？如果還不行，問題出在哪裡？你是否同意這類導引式呼吸或冥想等練習對生活有幫助，並且願意在接下來一年，每天或每週都繼續進行它們？如果願意的話，這次要怎麼做才不會又忘了練習？

吸氣 什麼地方蓄積了壓力？

吐氣 我能將壓力釋放掉。

家族傳統

12月20日

對於高敏感族來說，每年到了這段期間都可能覺得情緒資訊量爆增。今天安排三十分鐘的時間，靜靜地思考一下這些問題。萬一期間覺得情緒變得不穩定，請專注在呼吸上，保持深沉且規律的呼吸模式。

- 每年到了這個時候，哪些回憶會湧上心頭？
- 回憶會帶出怎樣的情緒？
- 是否需要得到更多的協助或更多的自我照護？
- 過去一年你愛自己嗎？

建立起一件你希望每年到了這時候都要舉行的生活儀式，讓它成為新的家庭傳統，即使你就是家中的唯一成員也無妨。

遠景

12月21日

想想看從現在起的一年之後，你的人生是否會變得不同？什麼事情不會變化？你所經歷的生活會讓你出現哪方面的改變？你對明年此時的自己有哪些期望？正常而言，未來會發生什麼事你不可能全都預先安排好，不過提早規劃，能幫助你在邁入新的一年時，朝著目標方向前行。

Note.

故事時間

12月22日

許多源自不同文化背景的傳統習俗，在十二月分都有豐富的表現，其中也包含各種故事傳說。回想一下自己的成長過程，在這個月中曾聽過哪些故事。故事內容也許與假期或季節有關，也許是為了歡慶學業或工作告一段落。挑選一則對你來說最能代表當月的故事，並安排一個電影或故事之夜，重新享受一次那個故事。同時思考以下事項：

- 你對這個故事有什麼感受？
- 它能帶出什麼樣的回憶？
- 故事能讓你想起誰？
- 從什麼時候開始，這則故事成為你生活的傳統？
- 當欣賞這則故事時，會讓你想吃或喝些什麼東西？

舒適區帶

12月23日

今天找時間思考一下，每年到了這個時候，有哪些事能讓你感到舒適愉快。提醒自己一下，你有權力拒絕任何事；能要求及追尋自己需要的、想要的；以及改變自己的心意。如果不想做某些事，你並不欠任何人一個道歉或解釋。給予自己一個能感受到喜樂、愉快、悲傷、內向、疲乏、充滿希望、充滿愛，或能與人群互動的空間。接納任何感受到的情緒，甚至激動到無法承受也沒關係。

給自己的禮物

12月24日

今天單純地想一想，有什麼小小的禮物可以送給自己？也許是一個小東西、一段安靜的時刻、喜愛的飲料、到外頭走走、睡個懶覺，或者晚一點再出席某項會議。花五分鐘左右體會自己的感受，肯定自己的價值以及自己的人生歷練，尋找讓自己感到喜悅的來源。

想想看哪一種類型的禮物，能和自己敏銳的情感產生共鳴。如果想自己一個人到什麼地方靜一靜，記得要把自己的去向告知你所愛的人。你對於這樣的禮物感覺如何？

12月25日

智慧是少數幾件遠比自己看起來還要大的事情。

——泰瑞·普萊契（Terry Pratchett）

裝箱

12月26日

有什麼事情你希望就到此為止吧，不要再跟著你進入明年。可能是不好的經驗、壞習慣，或者積壓在心中已久的怨恨。想想看有哪些事情對你來說已經不再重要，可以將它們留在過去。是否有什麼儀式可以幫助你做出這個決定？例如把想要摒棄的事情寫在紙上，然後收進抽屜中或揉成紙團扔進垃圾桶。

一年回顧

12月27日

今晚花點時間重新翻閱一下這本書。想想看有哪些練習的確對你有幫助，特別是那些當初在閱讀時做下標記的章節。無論是某些運動、反省、自我肯定或者名人話語，你願意讓它們繼續陪伴自己走向未來。

- 你希望能經常練習哪些功課，讓它們成為生活中的常態作息？
- 哪些活動可以在你感到沮喪或困惑時，幫助找回自我照護的力量？
- 過去一年的自我照護課程中，你最滿意的經驗是什麼？

提醒自己，隨時可以重複以上練習，覺得對自己有幫助的地方就跟著執行，不適合自己的方法則放棄不用。

小小勝利

12月28日

肯定你在今年的成就。要知道你所完成的目標，並非一定要了不起到能寫入求職履歷中。它可以只是一件普通的小事，好比說「我沒有放棄」或者「我堅持克服了困難」，甚至只是「我休息了」。每天你都需要為人生應該前進、轉向或者暫停，做下許多困難的決定。每個抉擇的結果都有好有壞，而你一一做出決定，讓生命不斷地向前行。應該給予自己的傑出表現大大地讚美。

Note.

甜蜜美夢

12月29日

最後要來檢視這一年中，你和睡眠的關係發生了什麼變化。不管用哪種休息模式，今天想辦法讓自己能多休息一會兒。反省一下經過了一年，你對於自己、休息，以及精力恢復等事情是否有了更清楚的認識。明年又為自己的睡眠安排了什麼目標？怎麼做才能讓睡眠成為生活中的第一優先？今天能不能好好休息？

- 早一點上床睡覺。
- 在起床前，多預留一些轉換時間。
- 上床睡覺前洗個熱水澡。
- 午休片刻。
- 就寢前閱讀一本好書。
- 睡前一小時便停止看螢幕、滑手機。

12月30日

我很努力地過完了今年。
我對自己感到驕傲。

12月31日

我犯過許多錯誤也有很多缺點，
但我要盡我所能地擁抱自己，
我漸漸開始學會愛自己，一點一點地。

——BTS 金南俊（Kim Nam Joon）

致謝

班恩，你對我無止盡的支持與鼓勵，始終讓我感動又驚喜。和你在一起的每一天都是上天賜福的禮物。

感謝和我共度非比尋常的怪異一年的伙伴們：麗姿，總是能在最後的關鍵時刻解決一切問題；馨恩和喬絲不僅對我諄諄不倦，也從不吝嗇為我加油打氣；史蒂芬妮，我們三十一年的友情歷久彌堅。

謝謝我在 Callisto 的團隊，因為你們的督促和提醒，讓我繼續邁向下一個計畫。我只不過是讓這個計畫得以實現的眾人中一員。感謝約翰．保羅．馬克斯基帶領整個團隊運作。

Creative 179

每天多愛自己一點點
寫給高敏感族的365天自我照顧書

填回函雙重禮
① 立即送購書優惠券
② 抽獎小禮物

作　　者｜愛曼達・卡熙兒
譯　　者｜屈家信
出 版 者｜大田出版有限公司
台北市一〇四四五中山北路二段二十六巷二號二樓
E-mail｜titan@morningstar.com.tw http://www.titan3.com.tw
編輯部專線｜（02）2562-1383 傳真：（02）2581-8761

總 編 輯｜莊培園
副總編輯｜蔡鳳儀
行銷編輯｜藍婉心
行政編輯｜楊雅涵／鄭鈺澐
校　　對｜黃素芬／屈家信
內頁美術｜陳柔含

初　　刷｜二〇二二年十一月十二日　定價：三九九元

網路書店｜http://www.morningstar.com.tw（晨星網路書店）
TEL：（04）2359-5819 FAX：（04）2359-5493
購書Email｜service@morningstar.com.tw
郵政劃撥｜15060393（知己圖書股份有限公司）
印　　刷｜上好印刷股份有限公司
國際書碼｜978-986-179-766-3　CIP：173.73/111013704

國家圖書館出版品預行編目資料

每天多愛自己一點點：寫給高敏感族的
3 6 5天自我照顧書／愛曼達・卡熙兒著
；屈家信譯．——初版——台北市：大田，
2022.11
面；公分．——（Creative；179）

ISBN 978-986-179-766-3（平裝）

173.73　　111013704